Début d'une série de documents
en couleur

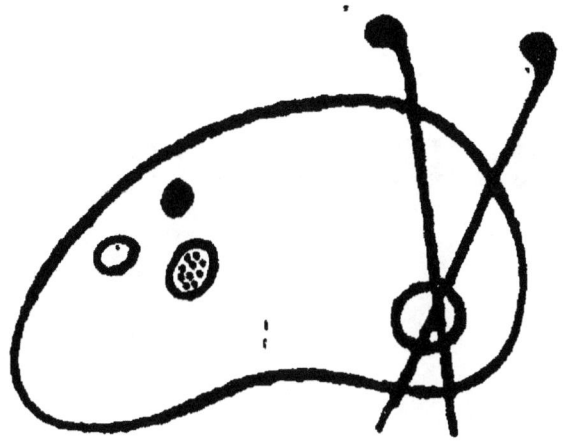

Fin d'une série de documents en couleur

L'IMAGE SAINTE

LUCIEN VIGNERON

L'IMAGE SAINTE

HISTOIRE BYZANTINE DU VIIIe SIÈCLE

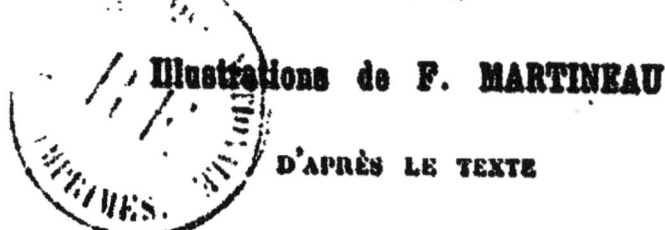

Illustrations de F. MARTINEAU

D'APRÈS LE TEXTE

DELHOMME ET BRIGUET, ÉDITEURS

PARIS	LYON
83, Rue de Rennes, 83	3, Avenue de l'Archevêché, 3

1896

A MONSIEUR ET MADAME J. DEL VALLE

MES CHERS AMIS

J'avais d'abord pensé vous dédier un roman de mœurs contemporaines. Réflexion faite, j'ai préféré vous offrir ceci, qui est bien plus sérieux.

Ce livre est destiné aux jeunes gens. Il traite une page d'histoire bien peu connue, quoique la Byzance du viiie siècle regorgeât d'or, de pierreries et de sang; époque fastueuse et cruelle entre toutes. Les Parisiens, qui ont vu, il y a quelques années, les décors de *Théodora*, ne me démentiront pas et pour faire son drame, sans doute, le maître qu'on appelle Sardou a dû faire comme moi : mettre à profit les beaux et rares travaux de ces autres maîtres qui s'appellent G. Schlumberger, Labarte, A. Marrast, A. Rambaud. Que ceux-ci me pardonnent mes emprunts. Personne qu'eux n'a traité le sujet et j'ai voulu le vulgariser à l'usage de la jeunesse.

Donc, plus tard, vos chéris, Pierre et Fernande, s'intéresseront à l'*Image Sainte* et dans tous les cas je vous aurai prouvé à tous deux ma vive et profonde sympathie et mes sentiments reconnaissants.

L. V.

Septembre 1895.

L'IMAGE SAINTE

I

AU PALAIS IMPÉRIAL

Tout dormait dans le palais sacré, « que Dieu garde! ». A côté du Triclinium d'or, dans le petit vestibule qui précède le *coiton* ou chambre à coucher impériale, une portière se soulève, un homme paraît; il est sans barbe, il porte une longue toge, sa tête est coiffée d'une sorte de mitre. C'est le grand Pappias ou majordome du palais.

Le petit vestibule a son plafond formant coupole, avec des jours çà et là; des mosaïques décorent les murailles; au milieu du parquet, il y a un bassin de porphyre, entouré de colonnes de marbre, d'un poli admirable; le tuyau des eaux est caché par un aigle d'argent qui, le col tourné de côté, étreint un serpent dans ses serres, « de l'air d'un chasseur heureux ». Tout près de la porte d'argent qui communique avec la chambre à coucher, à droite, se dresse un tabouret d'ivoire.

Le grand Pappias, arrêté près du bassin, a levé les yeux vers la coupole, il inspecte le ciel et cherche l'heure ; le jour commence à peine. Il est temps. Il dépose sur le tabouret la clef de la porte et s'en va. Deux chambellans entrent aussitôt portant une paire de brodequins de pourpre qu'ils ont reçue des mains du maître de la garde-robe ou protovestiaire; ils prennent la clef, ouvrent la porte sans bruit et déposent les brodequins sur le siège d'ivoire. Ils attendent.

Sept heures à la grande horloge. Un eunuque frappe derrière la porte du coiton et, à ce signal, les chambellans de service de nuit entrent et se trouvent en présence du *Basileus*, à qui ils offrent les brodequins, un des principaux insignes de sa dignité.

Constantin IV° du nom, dit Copronyme, fils de Léon III l'Isaurien, est un homme assez grand, aux traits réguliers, à la figure rasée, selon l'étiquette de la cour byzantine, aux yeux perçants et inquiets; il a mal dormi, sans doute, car il est de

mauvaise humeur et fait entendre comme une sourde plainte. Assis sur son lit, revêtu du *scaramangion*, la longue robe de dessous, il se laisse chausser, sans articuler une parole.

C'était un magnifique spectacle que celui de la chambre à coucher impériale, c'était un véritable chef-d'œuvre de l'art. Sur le sol, au milieu, s'étalait un paon, travail de mosaïque d'une richesse inouïe. L'oiseau de Médée était renfermé dans un cercle de marbre de Carie, contenu lui-même dans une autre circonférence, rayonnante de l'éclat des pierres coloriées; en dehors, on voyait aussi, comme quatre ruisseaux de marbre vert de Thessalie, coulant vers les angles du coiton, et, dans les intervalles, quatre aigles aux ailes déployées, prêts à s'envoler. Les parois de la salle étaient revêtues, dans la partie inférieure, de tablettes de verre de différentes couleurs, reproduisant des fleurs de toutes sortes. Au-dessus, sur le fond d'or des mosaïques, se détachaient les portraits du Basileus Constantin, de la Basilissa Irène et du prince impérial Léon, tous trois la couronne en tête et revêtus de leurs costumes impériaux; le jeune prince tenant à la main le livre contenant les préceptes divins dans lesquels il a été élevé. Le plafond, de forme carrée, n'était pas très haut, mais il resplendissait d'or.

On y avait reproduit, au milieu, en verres de couleur, la croix qui donne la victoire, et autour de cette croix on voyait des étoiles, comme celles qui brillent au firmament, et aussi l'auguste empereur et les membres de sa famille, élevant les mains vers le Pantocrator et le divin symbole de notre salut.

Le lit impérial était placé dans le coiton sous une conque ou niche de forme hémi-circulaire, couronnée par une demi-coupole ou voûte en cul de four; genre de construction qui était un des caractères distinctifs de l'architecture byzantine et était empruntée à l'église Sainte-Sophie.

Cependant le premier des diétaires ou gens de service s'avance et, prenant la clef d'or de la serrure, frappe trois fois la porte d'argent, et on apporte au basileus le *dibetesium* vert et or, tunique dont les manches tombent jusqu'aux talons et qu'il porte ouverte et sans ceinture, de façon à conserver les mains libres. On lui place sur la tête la tiare blanche et, précédé du maître des cérémonies et des silenciaires, leur verge d'or à la main, Constantin sort du coiton et entre dans le Triclinium d'or. Il s'arrête un instant dans l'abside qui regarde l'Orient, où se trouvait autrefois la statue d'argent de Notre-Seigneur Dieu, fait homme ; il offre à Dieu ses prières accoutumées, incline la tête pour montrer son humble respect et s'asseoit sur le siège d'or qui est là.

Le basileus ordonne au grand Pappias d'amener l'architrésorier logothète, qui baise les pieds du monarque, puis introduit les cubilaires et les *processionales*. Ceux-ci, deux fois par jour, le matin et dans l'après-midi, forment un cortège qui vient en procession adorer le monarque. Ils ne doivent pénétrer dans le Triclinium d'or que lorsque l'empereur y est déjà entré et est assis sur son trône ; en attendant, ils sont groupés dans une salle d'attente et, un peu avant d'être introduits, ils entonnent le *Polychronion* ou formule d'acclamation !

« Longue vie à Constantin ! Longue vie à l'auguste basileus ! »

Mais les cubilaires sont placés, entrant par la droite et par la gauche, suivant l'usage ; le premier ostiaire sort, tenant sa verge d'or, et introduit le premier ordre, à savoir les maîtres; puis le deuxième ostiaire sort et introduit le deuxième ordre : les proconsuls, et ainsi de suite pour les patrices, les sénateurs, les comtes des scholaires, les candidats, les domestiques, les éparques. Chaque fois qu'un des corps pénètre dans la salle, l'ostiaire tire la portière qui couvre la porte d'entrée de la salle du trône et la referme après l'introduction de chaque corps (1).

L'empereur donne ses audiences du matin; il reçoit successivement le préfet et le questeur de Constantinople, le préfet de police, divers logothètes et stratèges.

Ce jour-là Constantin était manifestement préoccupé, et non sans raison.

Nous sommes à cette époque où Constantin, revenu sur le trône après la défaite de son beau-frère Artabaze, qui lui avait ravi l'empire pendant deux ans, après le meurtre de celui-ci et de ses partisans, songe à renouveler l'édit porté jadis par lui contre les orthodoxes et à passer de la persécution légale à la persécution sanglante; époque troublée, s'il en

(1) On disait donc le 1er voile, le 2e voile, etc.

fut jamais. Au commencement du viii° siècle, l'empereur Léon III, surnommé l'Isaurien, après avoir été marchand de bestiaux, puis soldat, était monté sur ce trône, le premier du monde; c'était en 716. Neuf ans après, il se mit à copier Mahomet et à réformer la religion chrétienne à coups de sabre; entreprit de décréter que l'honneur rendu à l'image des saints était une idolâtrie, que tous les chrétiens étaient des idolâtres et que, depuis des siècles, l'Église du Christ était retombée dans le paganisme. L'an 726, indiction neuvième, au mois d'avril, il ordonna par un édit d'ôter des églises et des lieux publics les images sacrées qui y étaient exposées à la vénération des fidèles ; il fit abattre en particulier l'image miraculeuse du Sauveur, appelée *antiphonète*, et envoya son édit au pape Grégoire II pour le faire exécuter en Italie.

Ces maîtres du monde ne doutaient de rien. Mais depuis huit siècles, la foi populaire avait eu le temps de se fortifier. Le peuple gémit devant ce scandale ; il y eut même une émeute dans Constantinople. Pour atténuer l'effet de ses paroles impies, Léon chercha à leur donner un autre sens et protesta qu'il n'entendait pas abolir les images, mais seulement les suspendre plus haut, afin qu'on ne pût les toucher des lèvres et leur manquer de respect. Un empereur byzantin savait trouver des arguments.

D'autres aussi savaient en trouver en faveur de la bonne cause ; outre le peuple, fidèlement attaché à ses antiques croyances, l'empereur impie vit se dresser en face de lui trois hommes : le patriarche de Constantinople, Germain ; le docteur Jean Damascène et le pape Grégoire II.

Un jour, discutant avec le patriarche qui, d'un seul mot, détruisait ses faux et longs raisonnements, l'empereur, réduit à ne pouvoir rien répliquer, s'emporta, en rugissant comme un lion, frappa au visage et chassa du palais ce vieillard vénérable, âgé de quatre-vingt-quinze ans. Celui-ci déposa le pallium et renonça à l'épiscopat ; il fut remplacé aussitôt, sans aucune forme canonique, par le diacre Anastase, un vil courtisan, dont Léon fit comme un jouet, entre ses mains.

Jean Damascène et le pape Grégoire écrivirent de merveilleuses lettres en faveur des saintes images.

Cependant l'empereur faisait blanchir les murailles des églises, ornées de peintures religieuses, et fondre les vases sacrés, parce qu'ils étaient chargés de figures dont il voulait abolir l'usage; il ordonnait de brûler la superbe basilique l'Octogone, qui contenait une magnifique bibliothèque administrée par des savants ne voulant pas admettre la théorie impériale. Sur la porte de *Chalcé*, le vestibule du palais, s'élevait un grand crucifix de bronze qui passait pour un monument de la piété de Constantin: Léon ordonna à Jovin, un de ses officiers, d'abattre ce Christ fameux qui faisait des miracles, tout en laissant subsister la croix, dans ses inconséquences d'iconoclaste. Jovin, monté sur une échelle, avait déjà porté trois coups de pioche à la figure du Christ, lorsque une troupe de femmes, accourant, renversa l'échelle et écrasa l'officier; puis elle vola à l'église Sainte-Sophie, ne du palais, fit pleuvoir une grêle de pierres sur le patriarche Anastase, le menaçant de mort s'il n'allait pas faire des remontrances à l'empereur. Pour toute réponse, celui-ci fit sortir les prétoriens du palais et massacrer les malheureuses.

Ce fut le prélude de la persécution la plus odieuse;

pendant les six années que Léon vécut encore, il ne cessa de tremper les mains dans le sang de ses sujets. Un empereur byzantin iconoclaste était un composé de Néron, d'Omar et de Julien l'Apostat, la monstruosité portée à son comble. Et malgré tout, tant la puissance des Pontifes romains allait grandissante, l'empereur voulait encore garder avec le Pape des relations amicales ; il lui écrivait pour lui représenter comme des rebelles ceux qu'il se disait obligé de corriger et de réprimer. Le Pontife ne fut pas dupe de cette fourberie grecque : il répondit par une longue lettre, qui jette une clarté singulière sur cette question des images et celle du pouvoir pontifical ; il assembla aussi à Rome un concile qui condamna la nouvelle erreur. L'empereur riposta par l'envoi d'une armée chargée d'aller châtier Grégoire et l'Italie ; elle fut vaincue. En 740, des tremblements de terre dévastaient la capitale, Nicomédie, Nicée et l'Égypte ; c'est au milieu des ces convulsions de la nature que Léon III mourut. Constantin Copronyme lui succéda.

Tel père, tel fils ! Non ! le fils fut pire. Élevé dans l'impiété, il défendit de donner le nom de saints à ceux que l'Église invoquait sous ce titre, de rendre des honneurs à leurs reliques, d'implorer leur intercession, disant qu'ils n'avaient aucun pouvoir et que la Vierge elle-même, digne à la vérité de respect pendant qu'elle portait dans son sein le Sauveur du monde, ne différait en rien des autres femmes depuis son enfantement. Pour insinuer ce blasphème, il se servait d'une image aussi grossière qu'impie : il montrait à ses courtisans une bourse remplie d'or.

— Vous l'estimez beaucoup ! disait-il.

Il la vidait ensuite et ajoutait :

— Maintenant, vous n'en faites plus aucun cas.

Il achevait de profaner les églises, comme le racontent les historiens, et s'il y restait encore sur les murailles quelque pieuse représentation, il la faisait effacer pour y peindre des chasses et des courses de chevaux. Passionné pour les chevaux, il ne trouvait point de parfum plus agréable que la fiente et l'urine de ces animaux ; il s'en faisait frotter tous les jours ; cela lui fit donner le surnom de *Caballin* ; on lui avait déjà donné depuis longtemps celui de Copronyme ; on sait pourquoi : à son baptême, il avait sali les fonts. C'était un affreux débauché et il ne pouvait souffrir la pureté de la vie religieuse; aussi il détruisait les monastères et persécutait les moines, si nombreux à cette époque : l'habit noir que ceux-ci portaient lui faisait horreur. Il était superstitieux, se livrait à la magie, invoquait le démon par des sacrifices nocturnes, consultait les entrailles des victimes, croyait aux songes et aux présages. Il n'avait donc de chrétien que le nom et les quelques pratiques habituelles qu'une rigoureuse étiquette imposait aux empereurs de Byzance.

Après une guerre de deux ans contre son beau-frère Artabaze, il put s'emparer de celui-ci; il lui fit crever les yeux comme au patriarche Anastase, sa créature. Il ne faisait pas bon être l'ami de l'empereur. Une peste horrible ravagea l'empire en 748 et dura trois ans : pendant tout ce temps, Constantin pilla les maisons désertes et s'empara des héritages. En l'année 754, treizième de son règne, il assembla un faux concile de 338 évêques, où il n'y avait aucun patriarche, ni aucun représentant de Rome, d'Alexandrie, d'Antioche ou de Jérusalem, les plus grands sièges ecclésiastiques. Ce prétendu concile déclara qu'on devait rejeter de l'Église comme une abomination toute image peinte, de quelque manière que ce fût, et défendit à toute personne à l'avenir d'en faire aucune, de la vénérer, de la dresser dans une église ou dans une maison particulière ou de la cacher. L'assemblée s'était tenue en dernier lieu dans l'église des Blaquernes, à Constantinople, au fond de la Corne-d'Or. Comme le patriarche Anastase venait de mourir, l'empereur monta sur l'ambon et, tenant par la main le moine Constantin, évêque de Sylée, il cria à haute voix : « Longues années à Constantin, patriarche œcuménique ! » En même temps, il le revêtit des habits pontificaux et du pallium.

L'empereur Copronyme voyait l'empire attaqué d'un côté par les Sarrasins et de l'autre par les Bulgares, ces deux éternels ennemis de l'empire romain d'Orient. En 760, il avait été battu par ces derniers et il était revenu dans sa capitale sans armes et sans bagages, ayant tout perdu ; en 763, au contraire, il avait remporté une victoire sur les mêmes ennemis et il venait de rentrer à Constantinople, en triomphe. Ces victoires étaient toujours célébrées à l'Hippodrome par de grandes fêtes. Un grand nombre de stratèges ou gouverneurs de provinces avaient été mandés au palais; ils étaient donc venus, en apparence pour rehausser le triomphe de l'empereur, en réalité pour tenir conseil avec lui au sujet de la question religieuse.

Ils sont là réunis dans le Triclinium d'or, ceux des thèmes thracésien, anatolique, de l'Arméniaque, de l'Opsikion et des Bucellaires qui commandent au noyau et à l'élite des troupes impériales du Levant. Les autres stratèges de l'Asie Mineure, des Cibyrréotes, de Céleucie, de Cappadoce, de Chypre et de Chaldée sont trop éloignés et n'ont pu venir. Ils sont là aussi ceux des premiers groupes d'Europe : des thèmes de Thessalonique, du Strymon, de Macédoine, de Thrace, de Hellade, du Péloponèse — ces quatre derniers commandant, au gros de l'armée d'Occident, une des grandes divisions de l'armée impériale.—Venus encore les commandants des thèmes essentiellement maritimes de la mer Égée et de l'Archipel;—la moitié de leurs navires est à l'ancre dans la Corne d'Or. — Mais ceux de Nicopolis, de Dyrrachion et de la Dalmatie surveillent les Bulgares qui tiennent tout l'intérieur des Balkans entre Nicopolis, la Hellade, la Macédoine et la Thrace. Les stratèges du Calabre et de Longobardie veillent pareillement sur le nord de l'Italie, qui échappe à l'autorité de Byzance, surtout depuis la malheureuse expédition de l'Isaurien ; quant à l'Afrique, à la Sardaigne et à la Sicile, elles sont aux Arabes.

Le Basileus promène lentement ses regards sur l'assemblée, après que celle-ci s'est prosternée suivant l'usage ; le Basileus parle :

— Très illustres ! Dieu nous comble de ses faveurs ! Nous avons la victoire sur l'ennemi extérieur. Je voudrais pouvoir en dire autant de l'ennemi intérieur. Je ne puis vivre avec ces ennemis de Dieu *qu'on ne nomme point.* Et qui sont-ils ? des abominables, des moines, du bas peuple. Vous autres, très illustres, qui comprenez l'élite de la nation, le haut clergé, la cour, la noblesse, vous possédez la vraie et sainte doctrine du ciel.

Mais l'art insensé et impie des peintres, cet art inventé par le démon ruine les décisions vénérables des six premiers conciles généraux. Le peintre fait une image qu'il appelle le Christ. Or, le Christ est Dieu et homme. Et le peintre prétend peindre la Divinité. La Divinité, qui est immense, infinie, le peintre prétend la circonscrire avec des couleurs, sur une toile, sur un mur, sur une planche ! N'est-ce pas l'impiété d'Arius et même celle des païens ? Dira-t-il que, par l'incarnation, la Divinité et l'humanité ont été fondues et mêlées ensemble ? N'est-ce pas l'impiété d'Eutychès ! Dira-t-il qu'il ne veut peindre que la chair, séparément du Verbe ! N'est-ce pas diviser le Christ avec l'impie Nestorius ?...

L'empereur continue longtemps sur ce thème, reproduisant tous les arguments du faux concile convoqué autrefois par lui, et il conclut enfin :

— Nous sommes l'évêque des choses du dehors, nous sommes, comme le disait à notre père Léon l'évêque de Rome, nous sommes roi et prêtre ; nous régnons dans le Christ, le roi éternel, le roi des Romains, nous régnons en Lui, sous son œil, sous sa main (1), nous sommes inspiré de Dieu, possédé de l'Esprit-Saint, exerçant le pouvoir sur le monde comme un sacerdoce, accomplissant un ministère vraiment divin, recevant de la Providence une di-

---

(1) Les médailles et les monnaies représentaient la tête du Basileus sous l'œil et la main du Christ.

Un Protospathaire.

rection vers le salut et apprenant d'Elle les choses futures. Comme le disait aussi Constantin le Grand, nous avons reçu de Dieu mission de dissiper et de balayer l'erreur de l'Orient à l'Occident, d'instruire et de ramener à Dieu le genre humain. De même que le Christ suscita autrefois les apôtres pour instruire les hommes et renverser l'idolâtrie, introduite dans le monde par le démon, de même il a suscité aujourd'hui les empereurs pour vous instruire et renverser de nouveau l'idolâtrie que le démon a ramenée dans l'Église par les images de Jésus-Christ et des saints.

Or, très illustres, nous avons trouvé des rebelles et nous avons sévi contre eux. Un grand nombre des ennemis de Dieu, qu'on ne nomme point, se sont enfuis de Constantinople et de la Bithynie et s'en sont allés au mont Saint-Auxence, près de Nicomédie, ils ont été trouver l'abbé Étienne et lui ont dit, nous le savons par nos émissaires:

« — Nous sommes dans un grand embarras, nous ne voulons pas renoncer aux images. »

Étienne a répondu :

— « Il n'y a que trois endroits qui ne participent

point à cette hérésie ; je vous conseille de vous y retirer : Sur les rivages du Pont-Euxin, vers la Scythie, ou Chypre, la *Lybie inférieure*, Tripoli, Tyr et Joppé en Terre-Sainte, ou Naples et l'ancienne Rome. Les évêques de Rome, d'Antioche, de Jérusalem et d'Alexandrie ont refusé de venir au concile et ils traitent l'autocrator d'apostat et d'hérésiarque. Allez près d'eux, vous y trouverez secours et protection. » Jean Mansour de Damas nous appelle « tyran et nouveau Mahomet », et appelle les évêques du concile « esclaves de leur ventre ». Nous avons déjà sévi contre cet abominable ; nous sévirons encore.

Le Basileus s'arrête un moment ; aussitôt de toutes parts des acclamations retentissent :

— Longs jours au Basileus grand prêtre, égal aux apôtres ! il écrasera l'aspic et le basilic !

— Conduis ton peuple dans le Saint-Esprit. Ta ville heureuse te proclame le nouvel apôtre Paul, le très sage héraut de la foi !

— L'ange exterminateur suivra tes légions ; tu rangeras sous ta loi l'Orient et l'Occident.

— Tes ordres sont des décrets divins ; les pieds sont des autels !

Cependant l'empereur a fait un signe imperceptible de la paupière, et le préposé aux cérémonies, qui a compris, amène au pied du trône le patrice Calliste :

— Parle sans crainte, lui dit le maître. Afin que les illustres gouverneurs de thèmes rassemblés aujourd'hui autour de notre personne puissent connaître quel est l'entêtement et l'esprit de rébellion du chef des iconolâtres ; raconte la mission dont je t'avais chargé près de lui, et la résistance qu'il a opposée à mes ordres. Qu'as-tu fait au mont Saint-Auxence ?

— Quand ta sublime Magnificence m'envoya pour la première fois vers l'abbé, autocrator, avant ton départ pour la guerre bulgare, j'espérais réussir près de l'abbé en employant tous les moyens pour le gagner ; tous mes efforts furent inutiles.

Tu me renvoyas alors avec une troupe de soldats pour le tirer de sa cellule de la montagne et le garder au monastère d'en bas. Les soldats furent obligés de porter le moine, car, à force d'habiter dans le tombeau, ses jambes s'étaient pliées et il ne pouvait ni les dresser ni les tourner, et il était très affaibli par les jeûnes et les abstinences. Les soldats, surpris de ce spectacle et touchés de compassion, le prirent à deux, lui faisant mettre les mains sur les épaules et lui tenant les genoux...

— Passe, passe ! crie l'empereur.

— J'achève, autocrator ; on le porta au cimetière de Saint-Auxence, où on l'enferma avec ses moines et les soldats s'assirent à la porte, attendant les ordres de la souveraine Prudence. Cependant, Étienne chantait avec ses frères une prière qui commence par ces mots : « Nous adorons, Seigneur, votre sainte image, » et ensuite une autre qui dit : « J'ai rencontré les voleurs de mes pensées, qui m'ont dépouillé ! » Il voulait sans doute dire qu'on l'avait tiré de sa retraite et de sa contemplation.

— Finis, Patrice. Finis-en vite.

— Je n'ose plus, autocrator.

— Parle donc ; je veux savoir.

— Les soldats qui l'entendaient branlaient la tête et se disaient les uns aux autres : Hélas ! les moines que l'on maltraite ainsi sans sujet ont bien raison de nous appeler voleurs...

Le rouge de la colère était monté au front de César ; il ne dit pourtant rien d'abord. Le patrice s'était prosterné pour baiser les brodequins de pourpre et, reconduit par les ostiaires, il reprenait son rang entre le général Eulogios et Zonaras, grand Drongaire de la flotte, qui tous deux venaient de se couvrir de gloire sur terre ou sur mer dans l'expédition récente.

— C'en est trop, crie enfin le Basileus ; aussitôt après les fêtes du cirque que notre royauté accorde pour célébrer l'heureuse issue de la guerre, nous constituerons un tribunal dans la basilique de Saint-Mammas aux portes de la ville, afin de juger et de punir nous-mêmes les abominables... A demain, très illustres, au cirque !

Le préposé aux cérémonies dit alors à haute voix : *Keleusate !* Comme vous voudrez ! — et aussitôt les maîtres, les patrices et les sénateurs sortent en disant le polychronion. Ceux-ci sortis, le préposé congédie les officiers du Triclinium d'or eux-mêmes, et lorsque tout le monde est dehors, le César descend du trône, enlève le dibetesium, revêt le sagion brodé d'or et, accompagné des cubiculaires, il va se retirer, quand tout à coup un des cubiculaires entre par une porte derrière le trône, se prosterne, dit un mot tout bas à Constantin, qui fait un signe de vif mécontentement. Il entre dans son coiton, où on introduit aussitôt un jeune spathaire à l'air humble et embarrassé.

Le Basileus éclate en effet en reproches :

— Écoute, Synclétus, je ne m'attendais pas à te revoir de sitôt. En voyant l'échec de ton père Calliste, je t'avais envoyé à Saint-Auxence pour t'introduire dans le monastère sous le prétexte de te faire moine et me renseigner sur tout ce qui se passe chez ces misérables. Pourquoi es-tu ici ? Comment es-tu revenu ? Ma patience est à bout. Ton père Calliste, lui, m'est tout dévoué ; il m'a servi fidèlement dans la lutte contre Artabaze, tandis que toi, fils dégénéré, tu ne peux te soumettre à une courte absence, loin des plaisirs de la ville, loin du cirque, loin du *Chrysobalaton* (1), de Zoé, la fille d'Eulogios, dont tu recherches l'alliance. Il y a des fêtes demain, tu reviens pour cela... Prends garde !

— Autocrator, je t'en supplie, j'embrasse les genoux sacrés ; écoute-moi, aie pitié ! Je suis absolument dévoué à ton auguste personne ; tu vas en juger.

(1) C'était le quartier de la Bourse d'Or, le quartier du plaisir, à Byzance.

Présenté à Étienne par Sergius, procureur du monastère, me jetant à ses pieds, je le conjurai de me donner l'habit noir. L'abbé reconnut aussitôt que j'étais de la cour, à cause de mon visage rasé ; il refusa donc de m'admettre et allégua la défense faite aux monastères de recevoir des novices... J'ai pourtant laissé derrière moi un ami et un avocat : ce procureur, ce Sergius, qui s'ennuie dans cette solitude, privé des discussions théologiques qu'Étienne a interdites aux moines. Ah! comme il regrette sa Byzance ! Nous avons eu ensemble une longue controverse, en attendant qu'Étienne sortît de l'oraison... Sa Hautesse permet ?

— Comment donc ! Va.

— Le procureur prétendait qu'Adam commit à la troisième heure le péché qu'il avait conçu à la deuxième et fut chassé à la neuvième, le tout dans la première journée. Adam ne serait donc resté que trois heures dans le Paradis avant sa faute. Je réfutai péremptoirement cette opinion, car, comment, dans trois heures, Adam aurait-il eu le temps de faire le dénombrement de tous les animaux terrestres, volatiles et aquatiques? Comment aurait-il pu connaître tous les fruits du Paradis et s'exciter à manger le fruit défendu ?... Et d'ailleurs l'entretien du serpent, qui était alors un quadrupède, comme je pourrais le prouver, cet entretien avec notre mère Ève a dû prendre un temps assez long. Je conclus donc que le délit fut commis par Adam et Ève le sixième jour, un vendredi, à la sixième heure, et qu'ils furent chassés du Paradis à la neuvième...

— Un peu long, mais bien! fit le Basileus.

— Ton Amplitude me comble, autocrator. Sergius avait pris tant de plaisir à la discussion qu'en entendant son supérieur m'interdire l'entrée de la communauté, il paraissait désolé; il m'a conduit, à travers une sorte de labyrinthe, jusqu'à la sortie du monastère; il m'a promis de plaider ma cause et m'a donné rendez-vous à l'endroit même où nous nous quittions, dans un mois, m'assurant que d'ici là il aurait persuadé à Étienne de m'admettre au nombre des novices.

— C'est bien, fit encore le Basileus. Retire-toi ; mais si tu ne réussis pas, tu iras à l'Hippodrome ; tu comprends ?

L'ami de César inclina la tête; il comprenait qu'on lui couperait le nez; c'était chose si commune à Byzance! En sortant il rencontra, dans la galerie Justinianos, le maréchal du palais Pentachnès, à qui il se crut obligé de dire :

— Quel homme que l'autocrator !

— Je crains toujours, répondit Pantachnès, qu'il ne disparaisse du milieu de nous, emporté sur un char de feu, comme Élie le thesbite.

— Il est trop céleste !

II

CHEZ L'IMPÉRATRICE

Débarrassé des affaires, Constantin se dispose à aller passer quelques instants près de l'Impératrice, dans le gynécée.

C'est dans la seconde partie du palais sacré : Daphné. Une superbe galerie à colonnes de marbre, ornée de bronzes, enrichie de mosaïques sur fond d'or, close par d'immenses tapisseries qui s'ouvrent ou se ferment à volonté. Ce n'était pas encore la chambre à coucher, bâtie plus tard par Théophile, avec ses cinq colonnes supportant le baldaquin du lit, ses marbres de couleurs variées si harmonieusement disposées que la chambre en avait reçu le nom de *Mousicos* ou harmonie. Son dallage avait l'aspect d'une prairie émaillée de fleurs; mais la galerie entourée de grilles d'or découpées à jour donnait sur un véritable jardin et laissait voir, à travers les fleurons et les arabesques, l'incomparable aspect de Byzance, déroulant en un splendide panorama ses murailles, ses colonnades et ses dômes dorés par le soleil oriental.

L'ancienne Byzance avait été fondée en l'an 656 avant Jésus-Christ par une colonie grecque de Mégare, conduite par Byzas, d'où lui vint son nom. En 325, Constantin le Grand résolut de donner une nouvelle capitale à l'empire romain. L'admirable position de Byzance lui fit choisir cette ville, dont il entreprit la reconstruction. L'empereur en traça lui-même l'enceinte nouvelle, qui comprit une étendue de cinq lieues environ. La ville s'éleva, dit Labarthe, comme par enchantement. On y vit bientôt des places publiques, des palais, des aqueducs, des marchés, des fontaines, des cirques et des théâtres. Elle prit le nom de Constantinople. Les villes de la Grèce, l'Asie et Rome même furent dépouillées pour embellir la nouvelle capitale d'une quantité considérable de chefs-d'œuvre de la statuaire antique; on la dédia en 330.

Théodose II, au ve siècle, l'agrandit en reportant la muraille plus à l'occident du côté de la terre, et Héraclius, au viie siècle, fit enclore dans son enceinte le quartier des Blaquernes, situé à l'extrémité nord-ouest sur le port. Depuis lors, nul changement; les murailles et les tours qui défendent encore Constantinople sont celles des empereurs byzantins; les Turcs n'ont rien ou presque rien fait.

— La ville s'élève sur un promontoire de forme triangulaire, dit toujours l'historien cité, dont le centre est occupé par sept collines inégales en hauteur.

Le sommet du triangle s'avance dans le Bosphore de Trace qui joint le Pont-Euxin (mer Noire) à la Propontide (mer de Marmara). Le côté nord de ce triangle est borné par un golfe qui s'avance dans les terres à une profondeur de deux lieues; c'est le plus beau port du monde. On lui donnait dans l'antiquité le nom de Chrysokéras (Corne d'Or), parce qu'il affecte cette forme; il l'a conservée. Le côté sud est baigné par les flots de la Propontide. La base du triangle, à l'occident, est fermée du côté de la terre par les anciens murs byzantins qui s'étendent du port de la Corne d'Or à la Propontide.

Byzance était divisée en quatorze quartiers; le premier renfermait le grand palais, le Lusorium, le palais Placidien, la maison de l'impératrice Placidie, celle de la très noble Marina, les thermes d'Arcadius, vingt-neuf rues ou impasses, cent dix-huit maisons, deux portiques, quinze bains, quatre boulangeries publiques et quatre escaliers.

Le second quartier comprenait entre autres monuments la grande église ou église patriarcale, Sainte-Sophie, et l'antique église Sainte-Irène ; il se prolongeait jusqu'à la mer ; le troisième, l'Hippodrome ou grand cirque, et le quatrième le forum Augustéon et le Milliaire, entre l'entrée du palais impérial, le palais du Sénat et Sainte-Sophie.

Le premier quartier de Byzance embrassait donc la première des sept collines, sur laquelle la ville est assise, et la plaine étroite qui s'étend entre le pied de cette colline et le golfe de la Corne-d'Or, le Bosphore et la mer ; c'est l'espace qu'occupe le Sérail aujourd'hui.

Au milieu de l'océan des rues étroites bordées de maisons en bois, à un ou deux étages et surmontées de terrasses ; au milieu de la ville s'étendait le forum de Constantin, entouré d'un portique à deux étages de colonnes. On y entrait par deux arcs de triomphe qui se faisaient face et où s'appuyaient des boutiques de changeurs. Un groupe représen-

Byzance au VIIIe siècle

tant Daniel dans la fosse aux lions décorait une fontaine monumentale, et tout près, la statue colossale de Constantin surmontait une haute colonne de porphyre.

De l'arc de triomphe oriental du forum, trois voies conduisaient au palais impérial.

La première arrivait par des portiques aux thermes de Zeuxippe, qui étaient un véritable musée de statuaire, et au palais des Lampes, grand bazar voûté où se tenaient les plus riches marchands de la capitale.

La seconde route amenait au palais du patrice Lausus, un autre musée, où l'on pouvait admirer la Vénus de Praxitèle et le Jupiter de Phidias, à la préfecture de la ville et à la bibliothèque impériale.

La troisième voie rencontrait l'église Saint-Théodose et l'Hippodrome. Dans l'intérieur de la ville, cent autres monuments sollicitaient la curiosité; c'étaient l'église des Saints-Apôtres, — le Saint-Denys byzantin, où l'on voyait les tombeaux des empereurs, celles de Saint-Serge et de Saint-Bacchus, — dont les murs et les voûtes avaient reçu une vigne de bronze qui s'enroulait autour des colonnes et couronnait de ses grappes leurs chapiteaux ioniens ; une fantaisie païenne de l'impératrice Théodora, l'ancienne hétaïre. — Puis l'église de Tous les Saints. Notre-Dame Hodogetria, Saint-Agathonique, les Quarante-Martyrs, Saint-Pantaléon, — le saint le plus populaire de Byzance, — le Pantocrator, etc... Puis venaient le forum Amastrianon, le forum d'Arcadius, les palais des patrices et les nombreuses colonnes surmontées de statues impériales.

... L'impératrice est mollement étendue sur un lit de repos, bas, supporté par quatre paons, dont le plumage est imité avec des pierres précieuses ; le lit est garni de peaux de tigres.

A côté d'elle, les eunuques en tunique de mousseline blanche, brodée d'or, coiffés de bonnets persans et portant comme insignes de leurs fonctions le bâton d'or avec, au bout, le croissant en or, auquel les médailles de l'empereur et de l'impératrice sont attachées par un ruban de corail rose. Leur chef Spondyle a les épaules couvertes d'une chape brodée. Aux portes, les gardes protospathaires, eunuques aussi, en tuniques de soie rose, brodées d'aigle d'or, recouvertes de crêpe de Chine blanc, portent une cuirasse bronze et or mat et un casque d'acier poli, garni de crins blancs, la hallebarde et le large sabre.

Le costume de l'impératrice est encore plus somptueux : c'est la robe de la Panagia, de la Vierge byzantine, une robe plate de drap d'or entièrement recouverte de broderies de soie de toutes les couleurs, représentant des têtes ailées de séraphins et des fleurs mystiques; sur la robe, un manteau de satin jaune d'or, avec broderies et semé de topazes; pour coiffure un casque d'or couvert de pierreries.

Et si elle est ainsi vêtue, c'est qu'elle sait que l'instant est venu où son *impérial époux* vient la voir. Tout à l'heure, au lever, elle portait simplement un manteau violet semé d'abeilles d'or, ouvert aux deux côtés et laissant voir la chemise de soie blanche brodée de perles au col et aux poignets, ondulant autour du corps assoupli par le bain.

Fille du Kaghan des Khazars, alliés fidèles des empereurs byzantins, l'impératrice avait reçu au baptême le nom d'Irène. Voici de plus ce qui lui appartenait à partir de ce moment: les titres d'*Augusta*, de *Basilissa* et de *Desponïna* ou maîtresse; tous les bijoux célèbres, historiques, trois fois sacrés, portés par des générations d'impératrices et de porphyrogénètes (nés dans la pourpre); des pièces d'orfèvrerie d'Alep ou de Damas, des tapis de Perse, des étoffes de soie lamées d'or, des chars de bois précieux incrustés d'or et d'ivoire et traînés par des chevaux venus à grands frais d'Arabie ou de Hongrie, des palais, des villas, des domaines considérables, et même une flottille commandées par l'*otes-trapèzes*.

Elle portera le sceptre, la couronne et les *præpendulia* (pendeloques de diamants et de pierreries qui tombent de la couronne à droite et à gauche, encadrant le visage, jetant des feux éblouissants) ; tout ce qui lui appartient est sacré ; elle figurera sur les monnaies, à la gauche du Basileus, et peut-être gouvernera-t-elle le monde.

Elle aura une cour à elle, complètement séparée de celle de l'empereur et constituée sur un modèle identique, ne se composant que d'eunuques et de femmes. Parmi les eunuques étaient choisis son préposé aux cérémonies, ses silenciaires, ses ostiaires, ses cubiculaires et les soldats de sa garde. Parmi les femmes sont les patrices à ceinture ou *zostæ*, —

il n'y en avait que trois, — les magistrisses, les sénatrisses, les préfètes de thèmes, les candidates, les spatharo-candidates, les comitisses, les scribonisses, les anthypatisses, les vestitorisses, épouses ou veuves de fonctionnaires désignées chacune par le titre de son époux. Les femmes des plus hauts dignitaires convoitaient ardemment les charges de la maison féminine de la Basilissa. Sévéra, femme du général Eulogios, était alors patrice à ceinture ; elle avait reçu l'investiture du souverain qui lui avait remis un manteau, un corsage et une ceinture ; dès lors, elle avait le droit de s'asseoir à la table du Basileus, honneur réservé à six dignitaires seulement, et elle était dispensée de se prosterner jusqu'à terre devant lui.

Au milieu de ces femmes, venues généralement soit de Byzance même, soit des contrées méridionales, parmi ces yeux noirs, ces chevelures d'ébène, ces teints ambrés, ces corps gracieux, mais frêles, la Basilissa Irène se faisait remarquer par une beauté exotique, étrange, toute différente de celles qui l'entouraient. Peut-être les traits de la souveraine avaient-ils moins de perfection et les membres moins de délicatesse ; mais ses yeux gris bleu, dont la flamme intelligente semblait un reflet de l'acier étincelant au soleil, ses dents éblouissantes, son teint blanc doucement rosé, les ondes de sa chevelure dorée recouvrant le front d'une tempe à l'autre, sa voix tendrement harmonieuse lui donnaient une irrésistible puissance de séduction. Plus grande que la plupart des femmes de la cour, elle avait aussi plus de virilité dans les mouvements et de fermeté dans l'allure. Bien que soumise depuis de longues années à la demi-réclusion et aux habitudes puériles et cérémonieuses du gynécée, elle avait conservé dans tout son être la trace indélébile de sa première jeunesse écoulée au milieu des steppes où coule le Dnieper, et qu'elle avait mille fois parcourues sur un coursier de l'Ukraine, avec toute l'indépendance dont jouissent les peuples nomades. Sans se piquer à son endroit d'une fidélité scrupuleuse, Constantin l'aimait, lui témoignait des égards constants, lui parlait des affaires de l'État, lui demandait conseil. Jamais il ne manquait de venir chaque matin la saluer et embrasser son fils, le futur Léon IV, qui avait treize ans à l'époque où nous commençons cette histoire et que l'étiquette maintenait encore près de sa mère.

— Despoïna, dit Constantin quand il eut pris place à côté d'Irène, dans le coiton, à l'abri de toute indiscrétion, nous avons les courses au cirque demain ; dans quelques instants, le velum sera suspendu sur la tribune impériale. Prends tes précautions, convoque ta cour pour aller à Saint-Étienne. Moi, j'ai un sujet de préoccupation plus grave peut-être ; je vais instituer un tribunal pour juger l'abbé Étienne du mont Saint-Auxence ; je lui ai dépêché Syncletus, comme je t'ai dit. Il est vrai que celui-ci n'a pas réussi ; mais je ne doute pas qu'il arrive à ses fins : il est adroit, il fera tomber Étienne entre mes mains. Mais, dis-moi, *psuché* (chère âme), j'ai besoin de tes bons offices pour disposer favorablement la *zosta* Sévéra à l'égard de Georges Syncletus. J'attends de lui un service signalé ; en retour, il faudra le marier à Zoé, la fille de Sévéra. Qu'en dis-tu ?

Irène était rêveuse et ne se pressait pas de répondre.

— Eh bien ! Despoïna, qu'as-tu? dit l'empereur.
— Je ne sais, répondit la souveraine; pour ce que

tu me demandes, oui, je parlerai à la patricia... c'est facile.

— Voyons, chère, tu as quelque chose que tu me caches. Dis-le moi. Je t'aime et ne veux pas que tu sois malheureuse. Je ne vois guère qu'une chose que je serai forcé de te refuser : si, par exemple, tu me demandais de replacer ici, sur cette table d'argent, ton Chrysostôme de bronze à la bouche dorée, celui qui faisait pendant à l'Ariane endormie. Pour Ariane, passe ; pour le patriarche beau parleur, ah non ! Tu comprends que la Basilissa doit donner l'exemple. Ainsi donc, je t'en prie, pas de tableaux que tu ferais passer pour des miroirs, pas de statues que tu cacherais sous ton lit et donnerais pour des poupées. Le lit impérial ! Quelle horreur !

— Précisément, je pense à tout cela, autocrator, et c'est ce qui me rend triste. Non, je n'ai ni poupées, ni miroirs que tes augustes yeux ne puissent contempler ; mais je t'aime, moi aussi, je te veux grand et noble, plus grand et plus noble que le reste des hommes et du monde... et... autocrator, j'ai lu le parchemin que tu m'as remis l'autre jour ; j'ai pleuré en le lisant...

— Comment! s'écria l'empereur, pleuré ! Mais, en effet, le voilà, ce parchemin honteux...

Il venait de l'apercevoir sur la table du coton.

— Oh ! gémit Irène, comment, mon ami, n'as-tu pas peur? Comment ne redoutes-tu pas le malheur ? Un empereur n'est-il pas mortel ? Une couronne ne peut-elle tomber? Constantin ! Constantin ! as-tu lu ces phrases vibrantes de colère? N'as-tu pas entendu le tonnerre du Sinaï? N'as-tu pas vu luire l'éclair dans le ciel sombre? Moi, j'ai peur parfois...

— Quelle sottise ! dit le Basileus... Une autre fois, je ne te laisserai plus lire les papiers d'État, Despoïna. Ta jolie tête est faite pour autre chose. Cela m'étonne... une Khazar! c'est plus sérieux qu'une Grecque. Rends-moi ce papier qui t'a fait pleurer ; tu ne le verras plus.

En même temps, il le saisissait et le cachait dans les plis de sa longue robe. Il embrassa Irène sur le front et sortit en disant !

— *Xairé !* Adieu ! sois heureuse, réjouis-toi !

... Les spathaires faisaient la haie dans la galerie Justinianos et présentaient les armes.

Le César, en marchant au milieu de toute cette

pompe, souriait ; mais son sourire était méchant, son front chargé de nuages ; il avait hâte de se soustraire au cérémonial et d'être seul. Il entra dans un *coubouclion* qui lui servait de cabinet de travail, situé dans cette partie du palais, au delà de la terrasse à ciel ouvert de Daphné, sur l'emplacement des bâtiments construits plus tard par Théophile au ixe siècle ; le coubouclion était proche du grand triclinium Lausiacos, où se tenaient les chambellans et les gardes.

Dans la pièce, des sièges en bois découpé, ornés de dorures et de pierreries ou cabochons ; une énorme table recouverte d'un tapis oriental, étincelant de broderies d'or représentant des animaux héraldiques et, au milieu, un magnifique flambeau d'or émaillé qu'on allumait le soir. Par une fenêtre monumentale on apercevait les jardins et le phare, qui était en communication avec un autre phare bâti sur la côte d'Asie, au delà du Bosphore, et qui correspondait avec une suite de phares s'étendant jusqu'aux confins de la Cilicie. Au moyen des signaux transmis de station en station, l'empereur, de cette chambre du palais, surveillait, pour ainsi dire, la moitié de ses possessions; il avait aussi la vue idéale du détroit : l'utile et l'agréable.

Sa main crispée jeta le parchemin froissé sur la table et le repoussa, puis il le reprit et le lut avec rage.

Voici ce qui faisait pâlir et pleurer la Basilissa, si belle et si glorieuse :

« *Etienne II, Pape, à Constantin IV, empereur des Romains :*

. . . .

« Nous avons voulu, comme en ayant la puissance et l'autorité de saint Pierre, prononcer des peines contre toi, mais puisque dans tes précédentes lettres, signées de ta main, tu t'es donné toi-même la malédiction, qu'elle te demeure, ainsi qu'à ceux dont tu suis les conseils ! Il vaudrait mieux que l'on te nommât hérétique que persécuteur et destructeur des saintes images ; tu serais moins coupable. Tu combats maintenant ce qui est clair comme le jour et tu as dépouillé les églises que les Saints Pères avaient ornées... Les décisions de l'Église n'appartiennent pas aux empereurs, mais aux évêques. C'est pourquoi, de même que les évêques proposés aux Églises s'abstiennent des affaires publiques, de même les empereurs doivent s'abstenir des affaires ecclésiastiques et se contenter de celles qui leur sont confiées... Tu persécutes les images ; cesse, fais-nous la grâce de garder le silence ; aussitôt, le monde sera en paix et les scandales cesseront... Tu nous écris d'assembler un Concile œcuménique ; cela ne nous semble pas à propos... cesse donc de parler ! il n'est pas besoin de Concile...

« Tu veux nous effrayer et tu dis : J'enverrai à Rome, je briserai l'image de saint Pierre ; je ferai amener ici dans les chaînes le pontife Étienne... Quant à tes menaces, nous n'avons pas besoin de combat pour nous y soustraire. Le pontife romain n'a qu'à faire une lieue ou deux, et il est hors de tes domaines... Ce qui nous afflige, c'est que les barbares s'adoucissent et que tu deviens barbare. Tout l'Occident offre au glorieux prince des apôtres les fruits de la foi. Il y a peu, nous avons reçu du fond de l'Occident des lettres de celui qu'on appelle Septet, qui demande à nous voir, pour recevoir de nous le baptême. Et nous nous disposons à faire ce voyage.

« Tu dis : Je suis empereur et pontife. Tes prédécesseurs pouvaient le dire ; ceux qui, pleins de zèle pour la foi orthodoxe, ont fondé et orné les églises ; toi, au contraire, tu les as dépouillées et défigurées... Ce qui en fait l'ornement, ce sont les peintures et les histoires de Jésus-Christ et des saints. Les pères et les mères tenant entre les mains leurs petits enfants leur montrent du doigt ces histoires ; ils les montrent aussi aux païens convertis des différentes nations. Ainsi ils élèvent leurs cœurs et leurs esprits vers Dieu. Mais toi, tu en as détourné le peuple simple, et au lieu des actions de grâces et des louanges de Dieu tu l'as jeté dans l'oisiveté, les chansons, les fables, le son des lyres et des flûtes et d'autres frivolités...

« Les dogmes ne regardent pas les empereurs, mais les pontifes. La massive intelligence que tu as pour la guerre ne saurait servir pour les dogmes spirituels. Si on te dépouillait de tes habits impériaux, de la pourpre, du diadème, de ton cortège et de tes gardes, tu paraîtrais abject aux yeux des hommes : tel est l'état auquel tu as réduit les églises saintes... Pour nous, nous sommes nu et sans armes, nous n'avons point d'armées terrestres ; mais nous invoquons le généralissime de tout l'univers, le Christ, assis dans les cieux, au-dessus de toutes les armées des puissances célestes, afin qu'il te livre à Satan, comme dit l'apôtre, pour la perte de la chair et le salut de l'âme. »

Le Basileus se mit à se promener de long en large en prononçant des discours sans suite :

— Oh ! ces évêques de Rome ! ces évêques de Rome ! Comment peuvent-ils oser ! Heureusement pour eux, ils sont loin ! Jamais un homme n'a parlé ainsi à un souverain !... Je ne puis supporter cette idée d'avoir reçu cette lettre injurieuse... L'empereur peut tout... l'empereur est maître absolu... Ah ! ce qui rend ces évêques romains si audacieux, c'est l'appui qu'ils trouvent chez les barbares. Les barbares, les grossiers, les incultes, les gens habillés de peaux de bêtes et vivant dans les cabanes... voilà les amis des Papes... ! Ils sont forts pourtant, ces barbares, je l'entends dire, je le vois, ici même ; forts, robustes, terribles dans les batailles. Des sauvages ! Et je dois compter avec eux !...

... Et puis, il y a ce Mansour qui m'a écrit ; il

m'échappe aussi celui-là! L'évêque de Rome trop loin vers le Nord! Mansour trop loin vers le Midi! Il ose impudemment me rappeler que lorsque Saül eut déchiré le manteau de Samuel, Dieu déchira son royaume et le donna à David, le plus doux des hommes; que Jézabel ayant persécuté Élie fut dévorée par les chiens; qu'Hérode, ayant fait mourir Jean, fut consumé par les vers... Je ne puis me venger sur lui... Étienne paiera pour tous...

... Je ne crois pas au Dieu qui enlève les royaumes quand on sait les garder avec de bonnes troupes armées... J'établirai solidement ma dynastie... Mais comment fixer le droit de succession, l'hérédité du pouvoir? Le principe de l'élection est censé être toujours en vigueur... comme dans la ville de Rome... L'origine d'une maison est presque toujours une usurpation... Tout le monde peut arriver à l'empire... Léon I*r*, un boucher... Justin I*er*, un paysan d'Illyrie venu à Byzance pieds nus, la besace sur le dos... Phocas, un centurion, Léon III, mon père Léon, un marchand de bestiaux et un soldat...!

... Et puis, suis-je tellement libre? Il y a le Sénat... il faut lui soumettre les lois importantes, lui demander des juges pour les procès... il y a les jurisconsultes, qui m'opposeront le code des lois anciennes... il y a les nobles, qui tiennent de moi toutes les grandes charges et trouvent avec cela moyen de me résister ; ils savent présenter des remontrances, exécuter lentement les ordres et préparer, de concert avec les eunuques, dans l'ombre et le silence, un successeur... il y a ce patriarche imbécile avec son saint synode qui demande des égards... il y a l'opinion publique... le peuple, avec ses agitations, ses clameurs, ses épigrammes et ses chansons... il ne respecte rien, celui-là ! et il faut le nourrir et l'amuser : *Panem et circenses*, comme disaient les vieux... il faut lui donner des jeux, des spectacles, des hôpitaux, recevoir ses suppliques, écouter ses plaintes, entendre les stupides acclamations des factions, tenir la balance égale entre les Verts et les Bleus, les Rouges et les Blancs ! Quelle charge !... Oh oui... ! Allons ! Constantin, réveille-toi ! Lion ! rugis !...

Il alla du côté de la large fenêtre et embrassa d'un coup d'œil l'immense étendue, regardant bien loin, là-bas, du côté de la côte d'Asie.

— Je les amuserai d'un côté, fit-il, et je les épouvanterai de l'autre. Après tout, c'est la grande tradition impériale. Et je continuerai à régner sur tout cela. Je suis le *kosmikos autocrator*, l'autocrate du monde! l'*œkumené*, le maître de toute la terre habitée!...

III

A L'HIPPODROME

Toute la ville est en émoi ; les forums et les rues sont déserts, les échoppes vides, les chantiers du port abandonnés. Le sang de Byzance a reflué au cœur : le cœur c'est l'Hippodrome des courses. Heureux qui y assistent ! on les envie dans tout l'empire. Dans les provinces les plus reculées, on parle de ces luttes fameuses ; les noms des vainqueurs de l'arène sont aussi connus que ceux des empereurs et des généraux. Byzance et l'Hippodrome l'emportent sur Rome et le Colisée. C'est que l'Hippodrome est le foyer de la vie publique ; tous les grands faits de l'histoire byzantine se sont passés là ; c'est aussi l'asile des dernières libertés des Romains. Cent cinquante mille hommes, réunis ici, sur les gradins de marbre, en face de l'autocrator, leur maître, peuvent le voir, le dévisager, le juger, lui parler et, dans cette magnifique enceinte, engager parfois avec lui, avec un seul homme, le plus formidable des duels! Au cirque, les cochers luttaient entre eux; mais ce n'étaient pas les seuls combattants.

Donc, une arène de 370 mètres de long sur 70 de large, fermée à l'une de ses extrémités par une ligne droite, à l'autre par un hémicycle appelé la *coupe*; sur les deux grands côtés par une ligne droite. Vis-à-vis de l'hémicycle, le *cathisma* ou loge impériale, les loges de la cour; au-dessous, les *mangana* ou *carceres* où les cochers se tiennent sur leurs chars attelés de quatre chevaux, en attendant le signal du départ. Dans l'hémicycle et surtout sur les deux grands côtés, les quarante gradins de marbre pour le peuple. Sur l'axe de l'Hippodrome, une terrasse longue, étroite, terminée à ses deux extrémités par une borne composée de trois petites colonnes réunies. C'est la *Spina*, l'épine dorsale; elle partageait l'arène en deux pistes, celle de droite et celle de gauche, parcourues l'une après l'autre, avec le cap dangereux de la borne ou *meta* à éviter. Près de chaque borne s'élève un orgue d'argent pour accompagner les hymnes et les acclamations populaires.

Au milieu de la Spina, un obélisque de granit,

amené d'Égypte par les soins de Théodose le Grand ; un peu plus loin, une pyramide en maçonnerie, revêtue de plaques de bronze ; entre les deux, la colonne Serpentine, formée de trois serpents enroulés l'un sur l'autre et dont les gueules supportent le trépied de Delphes, et la statue d'Apollon, ceux de la Pythonisse et du grand Pausanias.

Ce n'est pas tout. Les portiques supérieurs de l'Hippodrome offrent une vue délicieuse sur la ville, la mer, les côtes d'Asie, la campagne, les villas et l'horizon des montagnes. Et si le promeneur ramène les regards autour de lui, il est étonné de voir surgir, à chaque pas, les chefs-d'œuvre les plus renommés et les statues des dieux de tout l'Olympe païen ravis à la Grèce, à l'Asie, à la Sicile, à l'Égypte, à l'Italie. Au-dessus de la tribune impériale ou *cathisma,* ce sont les quatre chevaux de bronze dorés venus de Chios, qu'on a vus à Paris, qu'on voit à Saint-Marc de Venise : ce sont les statues équestres ou pédestres d'Auguste, de Dioclétien, de Gratien, de Valentinien, de Théodose : c'est la Louve de Romulus, c'est l'Hercule dont le pouce était aussi gros que la taille d'un homme, c'est la charmante Hélène ; ce sont des statues grotesques, *pour faire rire ;* ce sont les Sphinx ailés, ce sont les statues des cochers célèbres.

Sur les piédestaux qui supportent celles-ci, on lit les plus pompeuses inscriptions :

— « Anchise fut l'amant de Vénus, Endymion le chéri de Diane, Porphyrius est le favori de la Victoire ! »

— « Quand la nature eut, à la fin des temps, enfanté Anatellon, elle fit un serment et, de sa bouche qui ne sait pas mentir, elle dit : C'est fini ! je n'enfanterai plus ; tout ce que j'ai de grâce, j'en ai doté Anatellon. »

— « Entre les statues de la Victoire et d'Alexandre le Grand, la statue, Épaphrodite, s'élève, non moins glorieuse que l'une et l'autre. »

— « L'œil de la Fortune passe rapidement sur toutes choses ; il n'y a que sur les exploits de Calliope qu'elle ait son regard constamment fixé. »

— « S'il n'était couvert par une puissante voûte, Faustin s'élancerait au plus haut des airs, en courant, lui et son char, car, ainsi que ses coursiers, il est vivant, ce Faustin, naguère l'orgueil et la gloire des

L'Ultimo uplome

Verts. Oui, ôtez le toit, et le voilà qui atteint les cieux ! »

Et on en disait autant de Nicias, d'Hilarion, d'Uranius, d'Icarius et d'Olympius, les uns, champions des Bleus; les autres, champions des Verts. En ce temps-là, à Constantinople, on ne parlait que de Verts et de Bleus.

C'étaient des sociétés ou factions composées de membres qui entretenaient des chevaux, des chars et des cochers, concouraient entre elles dans l'Hippodrome et mettaient dans la lutte un acharnement et un amour-propre incroyables. Les Verts comptaient quinze cents adhérents, les Bleus neuf cents ; mais seulement ceux-ci appartenaient à la faction favorisée par l'empereur; ce qui leur donnait d'autant plus d'orgueil et d'audace. Il y avait aussi des Blancs et des Rouges ; mais les premiers faisaient cause commune avec les Bleus, les seconds avec les Verts.

Chaque adhérent payait une cotisation pour l'entretien des cochers, des écuries, des haras et des chars et participait à l'élection des dignitaires, car les factions étaient presque organisées militairement:

elles étaient armées, elles gardaient la ville comme une garde nationale, elles étaient convoquées à chaque instant pour escorter le souverain et pousser des acclamations réglées d'avance, sur son passage, et à la tête de chacune d'elles se trouvaient deux chefs, le *démocrate* et le *démarque*. Le démocrate, chef officiel, était un des officiers de l'empereur, nommé par lui; le vrai chef, le chef populaire, était le démarque. Sous les ordres de ce dernier s'agitait tout un peuple de fonctionnaires : commandants de quartiers, *notaires* et *chartulaires*, poètes, organistes, *tchaous* ou sergents de ville pour maintenir l'ordre au cirque, garde-barrières, employés d'écurie, pitres et saltimbanques.

Enfin, si quelques privilégiés seulement faisaient partie de la faction, tout le peuple s'en occupait et tenait pour la couleur bleue ou verte ; ce qui divisait la ville en deux groupes rivaux distincts, avec passion. Il n'y avait pas un artisan, un matelot ou un pauvre diable quelconque qui n'eût sa place au cirque et qui n'y accourût avec le plus puissant intérêt. Il fallait vaincre à tout prix, vaincre, porter haut la tête, narguer la faction adverse, ou c'était le déshonneur ! Aussi le spectateur supputait-il toutes les chances et, de chaque côté des gradins, suivait-il, haletant, les chevaux qui volaient dans la poussière. Si le cocher ennemi paraissait l'emporter, il rugissait, son front se couvrait de honte ; aux cris d'encouragement pour son champion, il mêlait les insultes et les quolibets qu'il jetait à la face de la faction rivale et, sous la toge aux larges manches, il serrait la courte épée dont, tout à l'heure, il allait jouer pendant l'entr'acte.

Encore un mot. Pour que toutes les classes de la société fussent représentées dans cette enceinte frémissante, le patriarche de Constantinople, les évêques, les higoumènes apparaissaient là, dans leur loge particulière. La religion ne condamnait pas les courses, les orgues sacrées résonnaient triomphalement, les chantres de la Grande Église et de la basilique des Saints-Apôtres prêtaient leur concours à la fête. Et derrière, le peuple byzantin, le vrai, — le grec ou le romain plutôt, — les paysans des environs et les Barbares aussi sont venus; les Francs de Pépin et les Goths de Scandinavie, les Hongrois et les Bulgares, les Russes et les Khazas, les Arabes et les

Arméniens. Ils s'étonnent devant ce délire qui possède toute une ville et peut-être haussent-ils, en signe de mépris, leurs robustes épaules.

Celui qui parmi le peuple avait le plus la passion du cheval, c'était son maître. Pour lui donc, ce jour-ci, c'était un grand jour. Ce matin-là, vers huit heures, portant le sagion brodé d'or, accompagné des chefs des cubiculaires, il traverse les galeries du Daphné, entre dans les oratoires de la Sainte-Trinité et de Sainte-Marie pour y allumer des cierges, passe ensuite par le triclinium Augustéos et le péripatos de Daphné et arrive à l'église de Saint-Étienne. De là, il monte, par l'escalier secret en colimaçon, dans le coiton du palais du cathisma, d'où il regarde par les fenêtres les préparatifs de la fête.

Tout aussitôt après, l'impératrice, accompagnée des dames de la cour et suivant le même chemin, pénètre dans l'église Saint-Étienne, située entre le palais de Daphné et le palais de la Tribune impériale, monte dans les galeries supérieures ou *catéchuménies*, situées au-dessus du *narthex* (vestibule) et là, devant les fenêtres grillées donnant sur l'Hippodrome, s'assied sur son trône.

L'Augusta est coiffée du casque en pierreries, la figure couverte du voile oriental; elle a revêtu une robe irisée et un manteau d'apparat, long de quatre mètres, satin bleu de ciel broché d'or, semé de paons héraldiques, dont les yeux sont en rubis, les ailes en émeraudes et en saphirs. Il vaut quatre millions, dit-on.

Dans ce vêtement, d'une raideur métallique, Irène, muette, impassible, ressemble à la Vierge byzantine dont l'image est prohibée ; c'est une image vivante. Près d'elle, dans la foule des femmes et des eunuques, on remarque toujours la patrice à ceinture, Sévéra, femme du général Eulogios et mère de la charmante Zoé, qui est là aussi.

Tout est prêt et le peuple, monté sur les gradins, les a remplis ; le préposé, chef des officiers, vient l'annoncer à l'empereur. Alors l'empereur descend par l'escalier de pierre et entre dans sa chambre. Le préposé appelle les valets, qui revêtent Constantin de la chlamyde, grand manteau de pourpre brodé d'abeilles, agrafé à l'épaule droite par un nœud de pierreries ; sur une plaque en or fixée à la manche droite est ciselé le portrait de son prédécesseur,

Léon III, son père. Les valets de chambre sortent du *coiton*. Aussitôt le préposé place sur la tête du César le *stemma*, grand bonnet pointu dont la soie disparaît presque sous les perles et les diamants ; un cercle horizontal et deux arcs d'or forment la couronne surmontée de la croix. De plus, le basileus porte d'une main le sceptre avec l'aigle ; de l'autre, la boule du monde, surmontée de la croix.

Il sort de la chambre, et, dans un petit triclinium voisin, reçoit les patrices et les généraux, qui se prosternent ; l'empereur passe ensuite dans un autre triclinium, où il trouve les sénateurs. Accompagné de tous, suivi par les gardes prétoriennes, les scholaires, les candidats et les excubiteurs, lentement, il monte dans la tribune ou cathisma, où il pénètre par une porte de cèdre, incrustée d'argent et d'ivoire, dont le chambranle est soutenu par deux colonnes de porphyre. Le siège impérial, dressé sur une plate-forme, regarde la grande porte de bronze ciselé qui s'ouvre sur l'arène. Un ostiaire vêtu d'une tunique blanche et or, avec une plaque pectorale enrichie de diamants et de rubis, la baguette d'or au poing, annonce le Basileus.

Immédiatement, le peuple se lève, les membres des factions, les Bleus à droite de la tribune, les Verts à gauche, tous, en tunique blanche bordée de larges bandes de pourpre, avec leurs écharpes aux couleurs voulues et leurs bâtons surmontés du croissant, applaudissent ; les deux orgues d'argent résonnent, les hymnes éclatent et un eunuque, ayant rassemblé dans la main droite l'extrémité du manteau impérial et l'ayant disposée en forme de rose, l'empereur la saisit et debout, devant le trône, fait trois fois le signe de la croix sur la foule, bénissant les gradins de droite, ceux de gauche et ceux de l'hémicycle.

On entend le peuple crier de tous côtés :

— Saint ! saint ! saint !

L'empereur s'est assis. Le préposé, se tenant au haut des degrés du cathisma, appelle les patrices : chacun d'eux, entrant à son tour, se prosterne devant le trône, puis se retire au bas des degrés ; quand tous ont rendu hommage au maître, le préposé les invite à gagner leurs sièges, qui s'étendent à droite et à gauche du trône. De ces loges, on descend sur une terrasse en saillie sur l'arène et fort élevée au-dessus du sol ; elle a la forme et porte le nom de la lettre grecque *Pi*. C'est là que stationnent les candidats et les excubiteurs avec les étendards de leurs corps. L'un deux tient le fameux *Labarum* de la victoire adopté par Constantin après sa vision ; il se compose d'une pièce de soie rouge, luxueusement frangée, qui pend à la barre transversale d'une hampe ornée d'or et de pierreries ; au sommet brille la croix d'or, avec le monogramme du Christ, et, plus bas, l'image de l'Empereur.

Le signal de la première course est donné. Sous le cathisma quatre barrières s'abaissent, quatre chars s'élancent, faisant voler des flots de sable. Ce sont Nicias, Porphyrius, Calliope et Agathénor qui les dirigent, tous les quatre des héros pour les factions rivales ; les trois premiers ont déjà été maintes fois vainqueurs et plusieurs ont des statues sur le cirque ; seul Agathénor, qui représente les Bleus, n'a pas encore cueilli la palme à Byzance ; mais il ne compte plus ses triomphes à l'Hippodrome d'Antioche.

En ce moment, les quatre chars, presque sur le même rang, contournent l'extrémité gauche de la

Spina, près de l'hémicycle : on entend alors cent mille voix qui crient sur sur les gradins :

— O Dieu, protège l'Empereur ! protège l'Impératrice ! protège leur fils porphyrogénète !

— Protège le préfet de la ville !

— Protège Agathénor !

— Protège Nicias !

— Protège Porphyrius !

— Protège Calliope !

— Puissance de la croix, donne-lui la victoire, donne la victoire aux Verts !

— Mère de Dieu, que Porphyrius soit victorieux, que son triomphe comble de joie l'empire !

— Quand les Bleus sont victorieux, l'empereur à la tête de son armée remporte des victoires et l'abondance règne dans la ville des Romains !

Tout à coup, les chevaux de Porphyrius, champion des Verts, effrayés par l'éclat de la *meta*, se cabrent et renversent le cocher de son char ; Agathénor, qui le suit de près, profite pour prendre un dernier élan et arriver bon premier, au milieu des cris de triomphe des uns et des exclamations de rage des autres. Pendant qu'on porte Porphyrius près du bassin de marbre de la borne pour lui jeter de l'eau à la figure et le rappeler à la vie.

— Longue vie à l'Empereur! crient les Bleus, longue vie à l'Impératrice! C'est par Dieu qu'Agathénor a vaincu! Oh! qu'il advienne de pareils triomphes à nos armées! Sois le bienvenu, Agathénor, adroit vainqueur! La couronne au bigaire!

L'actuaire demande à l'empereur pour Agathénor les insignes d'*hénioque*. Constantin les accorde. Précédé des cochers bleus, le vainqueur se prosterne devant la tribune impériale et, tenant de la main gauche le pied du factionnaire, il fait avec la droite le signe de la croix. Les cochers se livrent à une danse folle. On apporte la casaque, la toque brodée d'argent et la ceinture avec le brevet signé de l'encre rouge impériale. Trois coureurs s'approchent d'Agathénor et le revêtent de ces insignes; désormais, le vainqueur jouit de privilèges extraordinaires : immunité de certains impôts; exemption du fouet et des châtiments corporels.

Les orgues résonnent, les acclamations redoublent.

C'est le moment de l'intermède.

Par les mangana ou loges des cochers, sous la

tribune impériale, sort une longue file de moines en habit noir, chacun accompagné d'une courtisane et maintenu dans cette procession honteuse par deux soldats qui l'accompagnent. Le protonotaire des courses les range tous en une seule colonne, depuis les mangana jusqu'à la borne des Bleus. A un signal donné, la colonne commence à se mettre en marche dans l'ordre que suivent les ennemis vaincus lors du triomphe au Cirque. Elle parcourt l'arène, longeant la Spina, contourne la borne des Verts, au Midi, et revient dans la direction contraire au Nord, jusqu'au Pi, où elle rentre dans les sous-sols.

Ce sont alors des huées indescriptibles ; c'est une multitude effrénée qui insulte à ces malheureux :

— Malheur aux méchants! qu'ils meurent!

Les uns pensent que c'est une malice de l'empereur ; les autres croient que ces moines sont punis justement. Le Basileus sourit et ricane ; mais derrière les loges grillées de Saint-Étienne, l'impératrice a frémi d'indignation et Sévéra, se penchant à l'oreille d'Eudoxie, la femme du préfet d'Anatolie, murmure :

— L'Augusta pleure : j'ai vu les larmes !

Parmi les Verts vaincus, beaucoup se sont abstenus d'insulter les moines.

On a nivelé l'arène ; la deuxième course commence. Une seconde fois, le champion des Bleus a vaincu ; la moitié des gradins trépigne de joie ; l'autre reste sombre et silencieuse. Un orage se prépare.

Le premier jour des courses, les factions avaient le droit d'interpeller publiquement l'empereur à l'Hippodrome par l'intermédiaire des démarques, pour lui exprimer leurs plaintes, s'il y avait lieu. Le souverain, selon l'ancienne coutume romaine, répondait par la voix d'un héraut ou *mandator*. Une loi de Constantin avait sanctionné cet usage, et l'empereur ne pouvait molester personne à l'occasion de ces réclamations. Des sténographes enregistraient le dialogue, séance tenante.

Le démarque des Verts se lève du milieu des gradins de gauche et interpelle l'empereur :

LES VERTS

Nous souffrons l'injustice, autocrator ; nous ne pourrons la souffrir plus longtemps ; Dieu le sait !

L'EMPEREUR

De quelle injustice voulez-vous parler ?

LES VERTS

On exécute mal tes ordres, sans doute, ô trois fois auguste !

L'EMPEREUR

Comment cela ?

LES VERTS

Il s'agit de Calliste le patrice. Pourquoi a-t-il été tourmenter le saint homme Étienne ? Celui-ci n'a-t-il pas le droit de demeurer à Saint-Auxence ? Où veux-tu qu'il aille, autocrator ? Il est infirme et ne peut marcher.

L'EMPEREUR

Vous vous mêlez de ce qui ne vous regarde pas, vous, les Verts, prenez garde !

LES VERTS

Étienne est citoyen romain. Quel que soit celui qui nous écrase, il aura la part de Judas dans l'autre monde. Oui, Dieu lui donnera bientôt la récompense qu'il mérite.

L'EMPEREUR

Taisez-vous, Juifs ! Samaritains ! Iconolâtres !

LES VERTS

Tu nous appelles Juifs, Samaritains et Inocolâtres ! Que la Mère de Dieu nous soit favorable à tous !

L'EMPEREUR

Quand cesserez-vous ces plaintes qui ne peuvent que vous perdre ?

LES VERTS (*ironiquement*)

Que celui qui ne croit pas que l'empereur est orthodoxe soit anathème comme Judas !

L'EMPEREUR

Je vous conseille de brûler vos images, s'il vous en reste !

LES VERTS (*ironiquement*)

Qu'on allume un bûcher dans le cirque, nous allons y jeter les icônes !

L'EMPEREUR

Assez ! ou je vous fait couper la tête.

LES VERTS

Chacun tient à sa tête ; ne l'offense pas, autocrator, si notre langage te déplaît. La Divinité écoute tout patiemment.

L'EMPEREUR

Misérables! Vous n'avez même pas souci de vos âmes!

LES VERTS

Nous en avons souci au moins autant que les Bleus!

Devant cette attaque directe, les Bleus, qui se savent protégés par Constantin, interviennent dans le dialogue.

LES BLEUS

Vous êtes des iconolâtres! Les édits impériaux prohibent l'hérésie.

LES VERTS

Vous êtes des iconoclastes voués à l'enfer. L'évêque de Rome vous excommunie.

LES BLEUS

Nous n'avons pas peur de vous, têtes d'ânes! gibiers de potence! Samaritains!

LES VERTS

Dieu nous prenne en pitié! toute vérité! Comment croire désormais que la Providence gouverne les choses ici-bas?

L'EMPEREUR

Dieu n'a rien de commun avec l'iniquité.

LES VERTS

S'il en est ainsi, pourquoi sommes-nous foulés aux pieds? Qu'on envoie chercher un philosophe ou un stylite et qu'il nous le dise! Mais il n'y a plus de stylite; on les exile...

L'EMPEREUR

Blasphémateurs! ennemis de Dieu! vous tairez-vous?

LES VERTS

Tu le veux! nous nous taisons, autocrate. Nous savons bien des choses; mais il nous est interdit de parler, malgré les coutumes et les édits du grand Constantin. Justice! tu n'es qu'un nom! Sortons d'ici! Oui, mieux vaut se faire juifs ou païens que vivre avec l'empereur et avec les Bleus. Dieu le sait! Bourreau! Copronyme! Bourreau! Copronyme...!!!

LES BLEUS

Sortez! nous vous méprisons!

LES VERTS

Malheur à ceux qui resteront ici!

Un tumulte épouvantable s'ensuit. Les Verts se précipitent hors du cirque par les deux portes de gauche, pour revenir immédiatement en armes. Une pierre est lancée contre le Cathisma. On ne peut faire plus ; car cette tribune élevée est une forteresse imprenable ; mais peut-être pourra-t-on pénétrer chez l'ennemi par un autre côté ? L'ennemi, c'est le Basileus ; mais il n'a pas balancé, il a compris qu'il était temps ; il a dit quelques mots à l'oreille du préfet de la ville debout à ses côtés et, quelques minutes après, une division de Barbares de la garde se rue contre les rebelles. Ce sont des cavaliers cataphractes, des lanciers cuirassés, dont le grand manteau de fourrures, ouvert par-devant, retombe de chaque côté sur leurs chevaux caparaçonnés d'écailles.

Des compagnies d'infanterie, pesamment armées, suivent les escadrons ; presque tous Goths, soldats éprouvés et dévoués au Basileus. Il y a aussi des Huns trapus et basanés, portant un manteau de peaux de rats sur leurs vêtements sombres ; des Tartares au nez camus, aux longues tresses descendant jusqu'au bas des reins, — comme c'est l'usage au pays des Sères, des Gépides et des Hérules. —Toute cette tourbe, sortie par la porte de l'Hippodrome du nord-est, se heurte aux Verts, qui ont contourné l'hémicycle du cirque et qui, tantôt se repliant, tantôt exécutant un retour offensif, font pleuvoir sur les prétoriens une grêle de flèches et de pierres. Quelques-uns, parmi les Verts, dans la chaleur du combat, ont même pénétré dans l'enceinte du Palais sacré, où, à la vérité, ils ne sont pas longtemps sans être immolés par leurs adversaires.

Néanmoins, le désordre est partout dans Daphné. Pour sauver l'impératrice, qui est sortie en hâte de l'église, on refoule les autres femmes. La patricia Sévéra, partagée entre son devoir, qui est de ne pas quitter l'impératrice, et le désir de sauver sa fille Zoé, est au désespoir. Zoé à demi évanouie, incapable de se tirer d'affaires dans la bousculade, est séparée de sa mère. Sévéra, en ce moment, aperçoit un jeune officier, drongaire de la flotte : d'un geste elle lui montre sa ceinture, insigne de sa dignité qui lui dicte un si cruel devoir, et d'un regard suppliant et navré, elle lui indique la jeune fille étendue inanimée au pied d'une colonne du *péripatos*. Le cortòge impérial, guidé par les eunuques, s'éloigne, entraînant la pauvre mère, qui a confié le salut de

Dans le Phiale des Scyla.

son enfant à un inconnu dans les yeux duquel il lui a semblé lire une promesse de salut.

L'officier en effet s'élance, saisit la jeune fille dans

ses bras, et l'emporte en courant dans la direction de l'escalier descendant de la galerie dans la grande cour de Daphné et, comme il semble connaître admirablement le palais, passant sur les derrières des cohortes qui se précipitent du côté de l'Hippodrome, il arrive dans la Phiale des Scyla, où se trouve un grand bassin, entouré de jardins. Là, il sait qu'ils seront à l'abri.

Il baigne d'eau le visage de la jeune fille, qui ne tarde pas à revenir à elle et prononce deux mots seulement :

— O Vierge, mère de Dieu, secoure-moi !

Puis elle tire de son sein une petite image de la Panagia des Blaquernes, cette Vierge aimée de Byzance, et la tenant élevée entre ses mains, balbutie encore quelques paroles émues.

Un rayon de soleil glissant à travers les feuillages des arbres de la Phiale vint au même moment éclairer ce gracieux visage d'enfant : l'officier s'était retiré discrètement à quelques pas. Et c'était, en vérité, un groupe charmant que celui de ces deux jeunes gens, dans ce cadre verdoyant et tranquille, alors qu'à quelques pas grondaient le bruit de la foule houleuse, les cris de guerre et les hurlements des blessés et des mourants.

Zoé aperçut l'officier.

— Seigneur, tu peux me perdre...! Mon émotion a trahi mon secret... Aie pitié de moi! tu sembles bon... Tu m'as sauvée... Merci...! Mais j'appartiens à une Église que l'empereur maudit et persécute... Oh! quelles horribles choses nous avons vues et entendues, n'est-il pas vrai...? Ce n'est pas au moment où Dieu et sa Très Sainte Mère viennent de l'envoyer à mon secours que je puis renier ma foi...

Le jeune homme était en extase devant ce visage idéal, ces yeux pleins de larmes, cette chevelure dénouée, dont les longues boucles brunes inondaient un cou blanc comme celui du cygne, et cette voix était d'une douceur qui lui allait au cœur.

Il devait se rappeler longtemps cette première entrevue. Il eût voulu se taire et admirer encore ; il parla pourtant pour la rassurer.

— Ne crains rien. Je me nomme Théophane et suis fils du grand drongaire Zonaras, commandant moi-même un des dromons de la flotte impériale ; mais, éloigné de la ville depuis plusieurs années, par mon service. Ma mère Eudoxie était magistrisse de la cour et originaire de Chypre et elle-même d'une orthodoxie éprouvée, — dans le bon sens du mot. — C'est te dire qui je suis, ô mon beau lys du Carmel !

La jeune fille rougit à cette appellation, qui pourtant n'avait rien d'extraordinaire à Byzance, vu les mœurs de l'époque et elle dit :

— Ma mère aussi est Cypriote : c'est la patricia Sévéra. Mon père est le général Eulogios. J'ai nom Zoé.

— Ma mère à moi est morte, reprit Théophane, quand j'avais six ans. Ma nourrice m'a élevé dans les bons principes : c'était la confidente de ma mère, et mon plus grand ami est mon frère de lait, Paul, *un protocarabe* (1), qui navigue avec moi, sur mon propre navire. La flotte, en grande partie, a rallié Constantinople pour célébrer les dernières victoires. Mon père est descendu à terre depuis deux jours, appelé au conseil impérial, et moi, ce matin seulement, pour assister aux fêtes, laissant à Paul la garde du dromon. Combien je m'estime heureux d'avoir

(1) Officier pilote.

pu t'être utile, au milieu de cette affreuse mêlée! Pardonne-moi, mais j'ai cru voir tout à l'heure une des filles d'Apollon et de Vénus, une des Grâces, présidant à tout ce qui est beau, radieux, attrayant, la personnification de ce qu'il y a de plus séduisant dans la beauté. Ah! tu ressembles à la Panagia dont tu portes l'image... Un conseil, cependant... Cache-la, cette image, cache-la vite... Si on te voyait!...

La jeune fille se hâta d'obéir. Dans son trouble, elle la tenait toujours à la main, et ce n'était pas prudent d'exhiber un pareil objet en plein palais impérial, d'autant plus qu'on entendait des gens s'approcher d'eux. Une troupe d'esclaves armés envahissait la Phiale.

— Voici les serviteurs de mon père, dit Zoé. Seigneur, je te rends grâces, mille fois! Je vais sécher les larmes de la patricia et dire au général le nom de celui auquel il doit le salut de sa fille.

Elle fit un geste gracieux de la main en ajoutant :

— *Xairé*, adieu !

Et se tournant vers les esclaves :

— Allons! mes amis, je vous suis.

Elle s'en allait.

Théophane s'assit sur le bord de la vasque, au pied du jet d'eau murmurant, en la regardant s'éloigner. Quand il ne la vit plus, au moment où elle tournait en haut de l'escalier du *péripatos*, il laissa tomber sa tête entre ses mains... Et ce qui murmurait dans son cœur, c'était une douce chanson d'amour !

IV

L'IMAGE D'ÉDESSE

A grands pas le jeune drongaire regagne la demeure paternelle. En chemin, il s'informe. La révolte est vaincue; quelques centaines d'hommes sont restés sur le terrain. Qu'est-ce que cela pour César? — Rien. A Byzance on en voyait bien d'autres. On n'a pas eu besoin de fermer les portes de la ville, ni d'intercepter le pont jeté sur la Corne d'Or entre la ville et le faubourg de Sykæ (1), ni d'arrêter les navires aux portes d'Hiéron et d'Abydos. Les boutiques fermées se sont ouvertes de nouveau; les portefaix d'Amastra, les matelots étrangers, les juifs du Chalkopration circulent dans les rues, examinant curieusement les soldats barbares qui campent çà et là, dévorant des quartiers de bœuf et de mouton et buvant les vins de l'Archipel que le Basileus leur a envoyés. Les chants sauvages de la Scandinavie et

(1) Galata.

de l'Asie du Nord retentissent dans la ville grecque. L'ordre règne à Byzance et le Basileus est sauvé une fois de plus. Terrible sera sa revanche; tout le monde le sent et le sait.

Les partisans de la faction verte se cachaient naturellement. Le préfet de police devait avoir lancé ses limiers un peu partout, et ce n'était plus le moment de manifester. La ville appartenait aux Bleus et aux Barbares, leurs très humbles serviteurs.

Théophane, pour se rendre au palais du grand drongaire situé dans le premier quartier de la ville, était obligé de passer par le forum *Augustéon*. Rien de grandiose comme cette place de Byzance. Ses portiques, originairement édifiés par Constantin le Grand, avaient été détruits pendant la sédition des Victoriats, mais le forum fut agrandi et les portiques furent reconstruits par Justinien; ils étaient soutenus par des colonnes doubles et bordaient les quatre faces de la place.

Le sol est pavé de marbres; de nombreuses statues enrichissent l'Augustéon : des colonnes portent celles de Zeus ou Jupiter, de Minerve, d'Aphrodite, d'Héré, de Porcidon agitant son trident. Les portes de bronzes ravies au temple d'Artémise à Éphèse étalent les combats des dieux et des Titans, des Scythes et des Amazones.

Au milieu, sur une colonne de porphyre, la statue équestre de Justinien, en bronze, érigée en tête du palais du Sénat sur un piédestal de bronze et sept degrés de marbre blanc. Le cheval, d'un admirable modèle, est tourné vers l'Orient comme pour marcher contre les Perses, dit Procope ; le monarque est en costume d'Achille, avec les brodequins, la cuirasse et le casque ; il tient le globe du monde de la main gauche et étend la droite vers l'Est pour commander aux Barbares de ne pas sortir de leurs frontières. Le piédestal a soixante-dix coudées ou trente et un mètres de haut ; les jambes sont plus hautes qu'un homme de belle taille, le nez a plus de neuf pouces, le sabot du cheval neuf pouces. Cette statue remplaçait celle de Théodose, élevée autrefois au même endroit.

Sur le forum on voyait aussi la colonne de Constantin, en porphyre, qui portait une croix : sur le milieu on lisait : *Agios, agios, agios* (1). Comme pen-

---

(1) Saint, saint, saint.

dant, une autre colonne de porphyre avec une très grande statue d'Apollon, chef-d'œuvre de la statuaire antique, apportée de Phrygie; le dieu avait une couronne de rayons sur la tête; on disait qu'il entrait là des clous de la vraie croix.

Enfin au milieu du forum il y avait le Milliaire; à Rome, c'était une simple colonne qu'Auguste avait fait placer au milieu de la ville et d'où l'on commençait à compter les milles, pour tous les chemins de l'empire; à Byzance le Milliaire se composait d'un monument important qui avait la forme d'un arc de triomphe et était bordé d'arcades sur les quatre faces. Les statues de Constantin et d'Héléna Augusta, sa mère, avec la croix entre eux, étaient placées sous la voûte du Milliaire.

A l'orient du forum, près du Palais impérial, s'élevait le Sénat. Le portique qui s'ouvrait sur la place était enrichi de six grandes colonnes de marbre blanc.

Devant une des boutiques installées sous le portique, un changeur et un marchand de soie causaient des événements. Arrêté derrière une colonne, le jeune officier les entendit :

— Quels enragés que les Verts! ami Xiphias, qu'en dis-tu?

— Oh! vois-tu, Charsianite, j'ai mon opinion faite là-dessus. L'affaire d'Étienne n'était qu'un prétexte. Au fond, les Verts étaient furieux de nous voir gagner deux fois la course. Tiens! qu'ils choisissent mieux leurs cochers!

— J'aime à t'entendre, Xiphias; alors tu ne les crois pas idolâtres?

— Du tout! Ils se soucient bien des images!

— Comme nous les Bleus! Mais enfin! autrefois, toute la ville était passionnée pour ses Panagia et le reste...

— Laisse donc! L'autocrator n'en veut plus; la question est vidée.

— Bon! c'est une raison.

— Du reste, à part cela, nous avons le champ libre pour toutes sortes de discussions. As-tu réfléchi aux questions que je t'ai posées avant-hier soir?

— J'ai beaucoup cherché, oui!

— L'important, mon ami, est de trouver. Voyons! je répète : Pourquoi la mer Rouge se partagea-t-elle en douze lors de la fuite des Hébreux?

— Ça, ce n'est pas difficile : c'était pour que les douze tribus pussent défiler en même temps, en bon ordre.

— Pas trop mal répondu. Attends un peu, maintenant : Dans quelles proportions la manne fut-elle distribuée aux Israélites dans le désert?

— A raison de... à raison de...

— A raison de quoi? — Rien ! hein?... A raison de trente-deux onces et demie par tête, sans distinction d'âge, de sexe et de force...

— Oh ! oh ! permets...

— Je ne permets rien du tout...

— Mais, Xiphias...!

— Mais, Charsianite...!

Ils allaient se prendre aux cheveux. L'officier fit un mouvement, et ils s'arrêtèrent.

Ils le regardaient s'éloigner.

— Joli garçon ! Comme la cotte de mailles lui va bien ! C'est un marin. Tu le connais, Xiphias?

— C'est le fils du grand drongaire Zonaras.

— Tu sais tout. C'est incroyable ! Tu ne connais pourtant pas mo. songe de la nuit passée?

— Oh! si! ..coute : Je marchais le long du port

Une place de Byzance.

de Byzance qui fait face à Chalcédoine. Un géant se tenait debout dans le bras de mer qui sépare les deux villes. Je reconnus l'...

Ici le marchand baissa la voix, car il s'agissait d'un trop terrible personnage pour citer son nom, bien qu'il se moquât de son compagnon en racontant un songe que tout le monde citait depuis longtemps, car il remontait à l'époque de Justinien.

— Je reconnus l'... Il se baissa pour boire l'eau du détroit et le mit entièrement à sec.

—Ami, dit Charsianite, tu railles, je ne te dirai pas mon songe ; mais avoue, continua-t-il en soupirant, que c'est toujours comme au temps de Justinien.

— Hélas ! Les temps sont durs !...

Parmi les monuments du premier quartier, on citait en première ligne les Thermes d'Arcadius. Procope dit que ceux qui naviguaient vers la partie orientale de la ville, venant de la Propontide, rencontraient ces Thermes à main gauche, et que c'était un lieu de promenade et une station pour les marins. Le soleil levant l'inondait de lumière. Au milieu du portique maritime de Justinien, proche de là, se dressait la statue dorée de Théodora sur une colonne de porphyre rose. C'était là, à cet endroit où se trouve aujourd'hui la Pointe du Sérail, que l'impératrice, encore enfant, aborda pour la première fois avec sa misérable famille. Des colonnades de marbre de couleur, surmontées d'un toit, en faisaient un lieu charmant et abrité : de là on distinguait parfaitement la côte d'Asie et ses enchantements. Tout Byzance venait y goûter la fraîcheur du soir.

Le palais de l'amiral Zonaras était voisin du portique de Justinien. C'était un édifice long, à un étage. La porte principale conduisait au vestibule qui donnait à droite sur un *œcus* corinthien ou salon de réception, carré, entouré de colonnes de marbre rose ; il ressemblait à un atrium ; mais il avait un toit en voûte, sans ouverture au milieu. C'était le lieu de réunion de la famille et des amis; on l'avait orné avec les statues des ancêtres et les bustes des maîtres de la maison.

Anastaso, la vieille nourrice de Théophane, l'attendait là. Elle connaissait les scènes du cirque et ne laissait pas que d'avoir quelque inquiétude. Quand il arriva, elle lui sauta au cou :

— Ton père te cherche, mon enfant.

Puis elle cria aux esclaves :

— Allez tous trouver le maître ; dites-lui que son fils est de retour. Vite !... O mon enfant, raconte-moi...

— *Tithé* (1), j'ai vu l'aurore aux doigts de rose, et ses larmes formaient comme une délicieuse ondée. On eût dit qu'elle demandait aux dieux l'immortalité pour Tithon. J'ai vu Marie de Magdala pleurant et demandant au Christ la résurrection de Lazare... Ah ! si tu savais !... le doux visage baigné de pleurs !

— Que dis-tu, Théophane ? De qui parles-tu ? Voyons ! mon enfant !...

— Oh ! nourrice, de la plus ravissante des apparitions, de la plus aimable fille de tout Byzance.

— Quelle jeune fille ?

— La fille de la patricia à ceinture Sévéra.

— La fille de Sévéra ! Mais où étais-tu pendant la révolte du cirque ? Parle donc !

L'officier raconta l'épisode de la Phiale des Scyla. La bonne nourrice l'interrompait de temps en temps par des exclamations de joie ou de pitié. A la fin elle n'y tint plus et s'écria :

(1) Nourrice.

— O Dieu ! sois béni ! tu frappes et tu guéris, tu abats et tu relèves. Le Seigneur a pris ta pauvre mère, Théophane, et peut-être te donnera-t-il une femme selon ton cœur, car tu l'aimes déjà, mon petit enfant, tu l'aimes... Mon Dieu ! tu m'envoies sans doute un ange conducteur au moment où le chemin se dérobait sous mes pas...

— Ma bonne Tithé, c'est à mon tour à ne pas comprendre, dit le marin ; explique-toi...

— Viens tout près de moi, alors, mon enfant. Il ne faut pas que personne puisse entendre ce que je vais te dire et ce qui m'est venu à l'esprit, pendant le récit de ton aventure. Et moi aussi, dit-elle, en baissant la voix, j'ai une histoire où il est question d'image !...

— Tu m'effraies, nourrice !

— C'est ainsi. Ne te rappelles-tu pas, Théophane, que, lorsque tu étais tout petit, je te faisais venir dans ma chambre pour te récompenser, quand tu avais été sage et que j'étais contente de toi ? J'ouvrais alors d'une main tremblante une armoire scellée dans le mur et je tirais un voile de soie. C'était un voile couleur bleu céleste, Théophane, tout broché d'or... te souviens-tu ?

— Oui, Tithé, oui ! Il y a si longtemps! Mais je me souviens. Derrière voile, en effet, il y avait une image... Tu ne l'as pas gardée, Tithé ?

— O mon enfant ! L'image d'Édesse ! La sainte image du Christ d'Édesse ! Elle avait été copiée par un saint moine à qui l'Isaurien avait fait couper les mains, pendant la première persécution, parce qu'il l'avait cachée ; elle avait rendu la vue à un aveugle, là-bas, en Asie, et elle venait de ta chère mère, qui se l'était procurée en secret... Elle était si pieuse ! si tendre ! si aimante !... Quand elle mourut, elle me confia l'image pour la remettre à son fils, au moment favorable. Je n'ai jamais vu venir ce moment-là. La persécution dure toujours, et puis, mon enfant, tu as choisi un état qui t'éloigne souvent de moi. A peine t'ai-je vu ce matin un instant...

— Oh! nourrice, tu me la montreras... mais quelle imprudence !...

— Je n'ai pas achevé. Tout dernièrement, j'ai résolu de changer la cachette. J'ai donc préparé une cassette de fer, bien ornée à l'intérieur, tandis qu'au dehors rien ne la distinguait d'un meuble vulgaire... Comment ai-je fait ?... ai-je mal pris mes précautions ?... Un jour, en ouvrant cette cassette où j'avais placé ma chère relique, pour voir l'état dans lequel elle se trouvait, il m'a semblé qu'une portière se soulevait au fond de la chambre et j'ai cru voir deux yeux ardents, ceux de l'esclave Andronic, qui m'épiaient !

— Oh ! Tithé ! Tithé ! tu m'épouvantes décidément. Qu'allons-nous faire ?

— Je ne sais. Pourtant si tu voulais, on pourrait tenter une chose...

— Quoi ?

— Peut-être cette image serait-elle en sûreté chez la patricia Sévéra et que celle-ci ne se refuserait pas à la garder... ?

La proposition était un peu indiscrète, mais dans le même moment le marin entrevit deux yeux d'azur sombre, sous une forêt de cheveux bruns et il se dit rapidement que c'était un moyen de les revoir.

— Nous te sauverons, nourrice ! Attends à ce soir.

« L'image d'Édesse, dit M. Rambaud (1), avait

(1) *L'Empire grec au Xe siècle.*

toute une histoire. Formée par l'impression du visage du Christ sur un morceau de toile, envoyée par Lui au prince d'Édesse Abgare, source de miracles innombrables et de la guérison du prince, elle avait été appliquée par lui, en manière de fresque, au-dessus d'une des portes d'Édesse, exposée à la vénération de tous ceux qui entraient et sortaient ; on l'avait ensuite murée dans sa niche avec une lampe devant elle, pour la soustraire à l'impiété des petits-fils d'Abgare, et des siècles après, instruits par une apparition, les gens d'Édesse avaient retrouvé leur *palladium*, avec la lampe toujours allumée. Elle avait suffi pour obliger Chosroës à lever le siège d'Édesse et pour exterminer son armée ; elle avait ensuite guéri la fille du roi, possédée par le démon. Il n'était bruit dans l'Orient que de ses miracles. Quand les Pères du synode oriental voulurent prouver à Théophile la légitimité du culte des images, en lui racontant les miracles opérés par elles, ils lui citaient en première ligne le portrait de Marie par saint Luc, l'image de sainte Marie à Diospolis, mais surtout *l'image d'Édesse.*

« Il y avait bien des copies de cette fameuse image.

Le portrait miraculeux avait le don de se reproduire : des tuiles et des pierres contre lesquelles il s'était trouvé appliqué avaient conservé les traits du Christ. En outre, pour mieux le dérober aux impies, on avait tiré, par les procédés ordinaires, des copies extrêmement ressemblantes, et même ces copies, faites de main d'homme, avaient, quoiqu'à un degré moindre, le don des miracles. »

Plus tard, au xe siècle, Romain Lecapène obtint l'image de l'émir d'Édesse, moyennant la paix offerte, deux cents prisonniers et douze mille pièces d'argent. « A cette époque, on croyait témoigner de son zèle pour un saint, dit encore le même auteur, en le volant à ses adorateurs. On arracha à Édesse ce qui était toute son âme, pour ajouter une nouvelle relique aux reliques que renfermait Constantinople. »

Nous savons que Constantinople avait recueilli tous les chefs-d'œuvre antiques échappés au temps et à la barbarie : les héros et les dieux du Nil, ceux de l'ancienne Grèce, de la vieille Rome, les Praxitèle, les Phidias. Et cependant les Grecs, si passionnés autrefois pour les arts, négligeaient les chefs-d'œuvre, au temps du Bas-Empire, passaient avec indifférence devant l'Hippodrome et n'avaient de vénération que pour les reliques et les images des saints. Sans doute, c'est cette dévotion poussée à la dernière limite qui avait amené l'excès contraire, et alors on les avait vus tomber dans l'iconoclastie, erreur qui ne devait pas durer et qui a été suivie d'une recrudescence d'amour et de dévotion à l'égard de tout ce qui touchait au culte des saints. Le monde chrétien avait les yeux fixés sur les trésors religieux des églises et des palais de Byzance ; après le sac de la ville, lors de la cinquième croisade, les saintes dépouilles allèrent orner les églises de France et d'Italie ; c'était la vraie croix, la couronne d'épines, le chef de saint Jean-Baptiste, de saint Georges, de saint Mammès ou Mammas, et tant d'autres ; les trophées les plus glorieux des victoires que Dieu avait fait remporter aux croisés.

Mais cette époque néfaste pour Byzance avait été précédée au xe siècle d'une ère de gloire. Pendant le voyage d'Édesse à Constantinople, les miracles se multipliaient; toute l'administration des thèmes d'Asie, toutes les populations étaient en mouvement pour rendre leurs hommages à la Sainte Image; le protovestiaire du Palais impérial et les premiers personnages de l'Empire allèrent la chercher et lui firent escorte comme à un roi; dans toutes les villes où elle arrivait, les évêques et le clergé sortaient en procession pour la recevoir; mais rien n'égala la splendeur des fêtes données à Byzance en son honneur. On fit faire à l'Image de nombreuses stations dans les églises et dans le Palais; les empereurs suivaient à pied, avec le Sénat, le patriarche la portant entre ses bras par les rues et les places semées de fleurs, et rien ne peut donner l'idée de ce spectacle merveilleux avec cet immense clergé, ces vêtements sacerdotaux tout raides d'or, le chant des psaumes, le scintillement des milliers de cierges, ces barques ornées, et cette foule inondant les toits et les terrasses et priant avec ferveur. On promena la relique insigne autour des murailles maritimes et des remparts du côté de la terre, afin que la ville devînt imprenable par la protection de l'image, et que le cercle qu'elle avait tracé dans sa marche ne pût jamais être franchi par l'ennemi (1).

Comme Théophane achevait de parler, son père

(1) D'après le même.

entra. C'était un homme d'une cinquantaine d'années, encore robuste malgré les fatigues des campagnes répétées que ses fonctions de grand drongaire de la flotte l'obligeaient d'entreprendre, tantôt contre les Bulgares, tantôt contre les Sarrasins; il courut à son fils et l'embrassa en lui présentant le général Eulogios :

— Mon fils, le général vient d'arriver ici pour t'offrir ses remerciements, auxquels je joins les miens.

— Mon jeune ami, dit Eulogios en lui donnant à son tour l'accolade, oui, c'est du fond du cœur qu'un père t'exprime sa gratitude de ce que tu as fait pour sa fille. Ce n'est pas tout : sa mère elle aussi veut te voir. Je t'en prie, viens avec le grand drongaire dans la soirée; nous vous attendrons avec impatience.

Le cœur du jeune officier bondit dans sa poitrine; il n'avait jamais osé espérer que les événements marcheraient aussi vite; il allait revoir celle qui avait fait sur lui une si profonde impression ! Il était si ému qu'il ne put que balbutier quelques paroles.

Le général disait au grand drongaire :

— Les fêtes sont interrompues, naturellement.

— Arrives-tu du palais, Seigneur? demanda Zonaras.

— J'en arrive. L'autocrator a eu une crise de colère effrayante. La Basilissa a demandé à le voir ; il a refusé de peur de se laisser attendrir. Car tu sais qu'Irène est portée à l'indulgence, et, sans doute, voulait-elle intercéder pour les coupables. On n'a pas idée d'une pareille impudence de la part de ces misérables !

— Maudits iconolâtres! dit l'amiral.

— Ah! oui, trois fois maudits ! Le Basileus donc ne peut tenir en place ; il se promène à grands pas dans les galeries supérieures de Daphné, prononce des mots inarticulés et montre le poing à la ville. Les protospathaires de garde ont raconté qu'ils avaient entendu sortir des lèvres impériales le nom abhorré d'Étienne le moine, et il y avait de l'écume blanchâtre sur ces lèvres blêmies.

— Tout cela n'annonce rien de bon...

V

CHEZ LE GÉNÉRAL

Un messager impérial arrive chez le grand drongaire, porteur d'une lettre du Palais, écrite sur un parchemin jaunâtre, à l'encre rouge, au cinabre. Le papier, de grandes dimensions, porte une signature redoutée, en caractères gigantesques :

« Constantin, dans le Christ-Dieu, fidèle empereur et autocrate des Romains. »

Zonaras porte le papier à son front d'abord, à ses lèvres ensuite, et le déplie. C'est une convocation au Palais pour un conseil. Il se disposait à aller chez le général avec son fils. Celui-ci ira seul.

Théophane se présente donc vers le soir chez la patricia, qui habite dans le même quartier que son père, et il est immédiatement introduit.

Dans l'atrium, un tapis long, représentant un parterre dont chaque fleur est formée de pierres précieuses, couvre le pavé de marbre ; des colonnes d'onyx, entourées d'une vigne d'argent, qui couronne de ses grappes des chapiteaux de même métal, soutiennent le plafond, où courent des arabesques d'or, entrelacées de fleurs blanches, vertes et noires. Les plaques d'albâtre fleuri, qui servent de vitraux, jettent au soleil couchant des reflets roses; un socle de marbre porte une élégante statuette de Minerve, d'ivoire et d'or. Au mur est appliqué un grand crucifix de lychnite : c'est la seule image qu'on y puisse voir.

La patricia, par-dessus une robe bleue, porte un manteau de soie de couleur violette semé de roses d'or; les larges manches de sa robe laissent voir ses bracelets chargés de perles et de cabochons. Dans son léger diadème sont enchâssées des pierreries ; autrefois on y eût vu aussi des reliques des saints. Zoé se tient à côté d'elle, assise sur des coussins de soie, coiffée à la mode byzantine, les cheveux frisés en boucles recouvrant le front. Ses yeux bleu-foncé sont mi-clos; un délicieux et engageant sourire erre sur ses lèvres, rouges comme une grenade. Sa tunique hyacinthe est serrée par une ceinture d'argent incrustée de saphirs.

La signature du Basileus.

Théophane arrive dans son costume militaire, un justaucorps de cuir serré à la taille, relevé seulement par une chlamyde verte à dessus d'or. Il salue avec l'élégance d'un Grec de race, et le léger embarras qu'il pensait éprouver disparaît bien vite devant l'accueil que lui font les deux femmes.

— *O Philé* (1)! s'écrie la patricia, je puis donc enfin te dire ma reconnaissance pour le service signalé que tu nous as rendu ce matin !

Elle lui fait signe de s'asseoir sur un tabouret d'ivoire, et continuant :

— J'ai cru m'évanouir, moi aussi, dit-elle. Cette enfant était venue parce que la Basilissa voulait nous apprendre, à elle et à moi, une bonne nouvelle, la concernant, affirmait-elle. Nous ne savons, du reste, encore ce que Sa Majesté entendait par là.

Le cœur du jeune homme se serra, agité par un triste pressentiment. Mais comment rester triste devant les bontés dont on l'accablait ?

— Non! continua Sévéra, je n'aurais jamais cru que ces fêtes tourneraient à l'émeute d'abord, et de plus que l'émeute pût nous atteindre, protégées que

(1) Ami.

nous étions par les remparts du palais. L'enfant a été séparée de moi tout à coup, et, si tu ne t'étais

Zoé

trouvé là, je ne sais vraiment ce qu'elle serait devenue, au milieu de ces gens armés.

— Je n'ai fait que mon devoir, patricia ; j'espère toutefois n'avoir pas effrayé la fille...

— M'effrayer ! s'écria celle-ci, oh ! non ! Je ne suis pas une juive ! Nous lisons dans les saints livres que les Hébreux s'effrayaient à la vue des anges. Moi aussi, j'ai cru voir, dans le jardin de la Phiale, Michel, l'archistratège des milices célestes. Il est vrai que c'est un puissant personnage et qu'il peut causer de l'effroi.

— Oui, dit Théophane, qui sacrifiait au goût du jour comme tous ses compatriotes, il commande à douze légions de 4.500 anges chacune.

— Tu dois le savoir, en ta qualité de soldat, repartit Zoé ; qui donc le saurait ? Je me fie à toi pour cela, beaucoup plus qu'au professeur Méthodios.

Tous éclatèrent franchement de rire.

— Écoute, philé, dit la patricia, nous ne sommes pas des étrangers l'un pour l'autre ; j'ai connu autrefois ta mère Eudoxie.

Elle se leva et alla écarter la mince plaque d'albâtre fleurie qui servait de vitrail. Elle contempla un instant la courbe bleue du port, bordé d'un amphithéâtre de palais et de temples encadrés de verdure sombre, et l'infini de la Propontide, ou les nefs aux voiles blanches cinglaient vers la mer de Grèce.

— Ami, dit-elle, si je pouvais les suivre, j'irais retrouver l'île natale, l'endroit fortuné où ta mère et moi nous avons vu le jour.

Vois-tu, ce n'est pas pour les temples de Paphos et d'Amathonte, chers à Vénus et à Adonis, que je l'aime ; ce n'est pas pour les flots bleus qui entourent Cethim, ni pour le mont Olympe, ni pour le Potamos ; ce n'est pas pour ses vignes et ses mûriers, ses grenadiers et ses caroubiers, ses froments et ses orges qui en font un paradis de délices ; mais c'est pour la petite église de la Panagia, entourée d'un bois de myrtes et de lauriers, dominant les ruines des temples, que je vois encore dans mes lointains souvenirs d'enfance... Et ta mère et moi nous errions souvent dans nos promenades à travers l'Hiéron, nous émerveillant des images des dieux sculptées sur des fragments de frises et cherchant à lire sur les tombeaux les lettres à demi effacées des inscriptions... Et quand, lassées par nos courses vagabondes et que le soleil nous brûlait le visage, nous allions nous réfugier dans une grotte obscure ornée de stalactites effrayantes par leurs formes bizarres, nous regardions longuement la mer et les îles nombreuses semées sur l'étendue des flots, comme les taches foncées d'une peau de panthère...

— Oh ! parle, patricia, parle encore, disait Théophano, qui croyait entendre sa mère lui raconter les histoires d'antan.

— Oui, mon enfant. Et j'aimais tant à lire le texte sacré, à l'endroit même où se sont accomplis les faits qu'il raconte. Nous la connaissions même par cœur, comme tout bon Cypriote, cette histoire des saints apôtres Paul et Barnabé, arrivant à Salamine et prêchant la parole de Dieu dans les synagogues des juifs. Ils avaient été dans l'île, jusqu'à Paphos, et ils avaient trouvé là un magicien nommé Bar-Jesu, qui était avec le proconsul Sergius Paulus et le détournait d'embrasser la foi. Mais alors l'apôtre Paul, rempli de l'Esprit-Saint et regardant fixement cet homme, lui dit : « O homme, plein de toutes sortes de tromperie et de fourberie, enfant du diable, ennemi de toute justice, ne cesseras-tu jamais de pervertir les voies droites du Seigneur ? Mais, maintenant, la main de Dieu est sur toi ; tu vas devenir aveugle, et tu ne verras point le soleil jusqu'à un certain temps. » De fait, aussitôt, les ténèbres tombèrent sur lui, ses yeux s'obscurcirent et, tournant de tous côtés, il cherchait quelqu'un qui lui donnât la main. Le proconsul Sergius, ayant vu le miracle, embrassa la foi, et il admirait la doctrine du Seigneur. Quelque temps après, le saint apôtre Barnabé revint dans l'île, accompagné de Marc; il fut notre premier évêque dans Chypre; les juifs le lapidèrent et on l'enterra près de Salamine. Son sépulcre fut ouvert au temps de l'empereur Zénon, et on trouva sur sa poitrine l'Évangile de saint Mathieu qu'il avait écrit de sa propre main.

— Patricia, je t'écouterais pendant des heures, dit l'officier; ta piété ardente m'édifie plus que je ne saurais dire et m'engage à t'adresser une prière. Excuse-moi.

— Combien je serais heureuse de faire quelque chose pour toi, mon fils!

— C'est que j'ai peur de trop demander. Juges-en.

Il raconta l'histoire de l'image d'Édesse et conclut ainsi :

— L'image est mal défendue par une faible servante, par ma pauvre tithé, si l'orage vient à éclater. J'avais pensé un instant, en venant ici, à l'emporter avec moi, à bord du dromon que je commande et où Paul, mon frère de lait, fils de la tithé, orthodoxe comme nous, m'aurait aidé à la garder; mais comment exposer le précieux dépôt à tomber entre les mains des infidèles, au milieu d'un combat naval, par exemple? Vraiment, patricia, tu vois mon embarras et je suis plus embarrassé encore quand je t'adresse ma requête...

— Cesse tes soucis, mon enfant; malgré les difficultés qu'il y a à traverser dans une pareille entreprise, je pense que je puis te rendre ce service. Tu as déjà pénétré trop avant dans mon cœur, pour que je te refuse rien... Mais voyons, comment m'arrangerai-je?...

Elle réfléchit un instant :

— ... Voici : dis à la nourrice d'apporter elle-même l'image, à la première heure de la nuit, au fond du jardin. Elle frappera à la petite porte qui donne sur une ruelle allant vers le port; je m'y trouverai pour la recevoir. Qu'elle prenne bien ses précautions! Avec l'aide de Dieu, nous réussirons, je l'espère.

— Oh! merci! merci!

Le général rentrait en ce moment, accompagné du grand drongaire, qui salua les nobles dames.

— Le Basileus, dit ce dernier, vient de donner l'ordre de rechercher les fauteurs des troubles de l'Hippodrome, pour les juger et les punir. Voilà une première nouvelle.

— En voici une seconde, ajouta Eulogios ; elle nous intéresse plus directement : je pars demain, pour surveiller la frontière bulgare ; il y a des incursions de ce côté-là.

A cette époque, c'était sur les frontières des alarmes continuelles. M. Rambaud (1) nous dit que la richesse, le luxe, le confort régnaient à Constantinople. Il y avait là une cour policée, absorbée dans les menées souterraines, les rivalités des coteries et les intrigues de femmes. Le souverain était l'esclave de la convention et de l'étiquette ; l'administration était rigoureusement hiérarchisée et entichée de réglementation et de paperasserie ; les bureaux et les chancelleries ne se comptaient plus. A Byzance tout le monde avait plus ou moins affaire avec la questure : artisans et petits métiers, industriels et ban-

(1) *Une épopée byzantine.*

quiers, marchands spéculant sur les blés de Scythie et les vins de Grèce, matelots et portefaix du port. Constantinople, avec cela, possédait une culture intellectuelle véritablement européenne; c'était la capitale des beaux-arts et des belles-lettres, la reine de la mode. Dans le grand bazar voûté, illuminé jusqu'à une heure avancée de la nuit par une forêt de lampes, — ce qui lui avait donné son nom, — on trouvait des bijoux exquis, des parfums rares, des étoffes brodées, des verreries syriennes, des armes damasquinées, des manuscrits enluminés, qui, lorsqu'ils passaient en Occident, faisaient l'admiration de nos pères encore à demi barbares. Et les professeurs érudits, les acteurs et les danseuses célèbres affluaient dans cette cité merveilleuse, qui était bien le Paris du VIIIe siècle.

Mais Constantinople n'était pas l'empire, ajoute l'auteur cité; la civilisation byzantine était loin de s'étendre jusqu'aux limites de la monarchie. Cette culture, cette administration n'avaient guère de prise que sur les provinces rapprochées : la Thrace, les rivages de l'Archipel et de la mer Égée.

Au delà, le rayonnement diminuait : c'était la

lutte contre les nomades, la guerre en permanence contre les barbares, c'est-à-dire sur les confins du nord, les Huns, les Avares, les Bulgares, les Russes; du côté de la Hellade, les Slaves; en Dalmatie, les Serbes et les Croates; dans l'Archipel et la Crète, les forbans arabes; en Crimée, les Petchenègues.

Zonaras et Eulogios pouvaient donc à un moment donné vivre en sybarites raffinés au milieu du luxe et de l'abondance de leurs opulentes demeures; huit jours après, ils se trouvaient en pleine sauvagerie.

Les deux grands ennemis, au temps de Copronyme, étaient surtout les Arabes et les Bulgares. C'est en vain que les grands empereurs, les Trajan, les Probus, les Julien, avaient vaillamment combattu sur les lignes de l'Euphrate et du Tigre; les armées du Bas-Empire essayaient péniblement de s'y maintenir. On ne parlait plus des Perses, ces autres ennemis acharnés, mais au viiie siècle on luttait depuis cent ans contre les Sarrasins, qui possédaient des troupes régulières aussi bien disciplinées et aussi bien armées que les légions de Byzance. De là l'organisation des provinces en gouvernements militaires appelés *thèmes*, qui avaient chacun à leur tête un chef appelé *stratège*.

Les stratèges, ceux, par exemple, de la Chaldée, de la Mésopotamie, de Lycandos, de Séleucie, de Colonée, de Cappadoce, ressemblaient assez aux commandants des Marches d'Espagne, de Saxe et de Carinthie, dans l'empire de Charlemagne, qui allait bientôt surgir.

Quoique la hiérarchie militaire, comme on l'a dit, soit un des points les plus obscurs de l'organisation byzantine, il semble que la légion ressemblait à notre division; elle comptait ordinairement dix mille hommes, sous les ordres du stratège, qui était toujours un patrice. Puis venaient les *turmarques*, commandant à cinq mille hommes; les *mérarques*, commandant à mille hommes; les *comtes* ou *droungaires*, commandant aux *bandes*, composées de deux cents hommes; les *centarques* ou centurions, commandant à cent hommes; les *drongarocomites*, commandant aux escouades de dix hommes.

Pour compléter l'état-major des légions, on voyait encore auprès des stratèges les officiers d'adminitration. D'abord le *protonotaire* ou juge du thème, inférieur en dignité au turmarque, à peu près l'égal du drongaire; il correspondait directement avec l'empereur, servant de contrepoids à l'omnipotence du chef de légion; il faisait aussi l'office d'intendant général et fournissait les vivres à la légion. Ensuite le *protocancellaire*, chef des huissiers du stratège; le *chartulaire* du thème, qui tenait les registres, etc.

On appelait *domestiques* les chefs de chacune des cohortes de la garde prétorienne.

Eulogios commandait à une légion indépendante de troupes barbares; il avait le titre de général ou stratège, comme nous le savons.

Il dit à sa femme :

— Je vais donc partir dès demain, puisque j'en ai reçu l'ordre. Je reprends le commandement de mes Goths. Qu'adviendra-t-il de toutes ces guerres? Je ne puis pas toujours compter sur mes hommes; ils peuvent faire cause commune avec les Barbares qu'ils combattent. Hélas! — fit-il en se tournant vers son ami le grand drongaire, — je ne suis pas aussi favorisé que toi, qui commandes à des Grecs, à de vrais patriotes. Où est le temps où l'on ne confiait le soin de défendre l'empire qu'à des citoyens éprouvés? L'empire est devenu si grand que nous ne pouvons plus le faire; il nous faut des mercenaires. Mais le mercenaire s'achète. Viennent les revers, il fuit, il trahit...

Il était comme tourmenté, lui aussi, par un pressentiment.

— Sévéra, ajouta-t-il, je te conseille, puisque tu viens de terminer ton temps de service au palais, d'aller, avec Zoé, à notre villa de Mokylos du mont Saint-Auxence; vous vous reposerez là. Il me semble que l'air de la ville et surtout celui du palais ne vaut rien, au moins pour l'instant. Voici le printemps : le moment est favorable pour partir.

— Le Basileus, dit Zonaras, va demain aux Blaquernes; j'ai ordre d'escorter, moi-même, la trirème impériale et de me tenir à sa disposition. J'offre le dromon de mon fils, pour transporter la noble patricia, sa fille et sa suite.

La proposition fut acceptée.

Combien Théophane était heureux! Il se tourna vers Zoé et ne put s'empêcher de faire ce compliment :

— Demain, mon dromon sera transformé en char marin qui portera la déesse de la mer. Les Tritons et les Néréides l'accompagneront sans crainte ; avec elle tout danger sera écarté ; ce sera l'Olympe descendu sur les eaux...

Sous ses paupières baissées, la joie de la jeune fille éclatait. La journée du lendemain lui apparaissait comme une journée de bonheur.

Le grand drongaire et son fils s'en allèrent par les jardins, du côté du port. Deux heures plus tard, la nuit venue, Sévéra et Zoé s'étaient rendues près d'un bosquet d'oliviers qui cachait une petite porte. On frappa et elles allèrent ouvrir elle-mêmes. La nourrice, enveloppée dans un long manteau, entra et se prosterna aux pieds de la patricia.

— Maîtresse, dit-elle, voici l'image ! Je l'ai détachée de son cadre trop volumineux pour te l'apporter. En me séparant de cette relique, il me semble que c'est ma vie qui s'en va ; j'étais tellement habituée à être protégée par elle !...

— Non ! Tithé, répondit Sévéra, il le fallait. Au contraire, tu l'exposais beaucoup en la gardant chez toi. Ne crains rien ; ton précieux dépôt est dé-

Anastaso va porter l'image sainte à Sévéra

sormais dans des mains fidèles. Je ferai tout au monde pour le garder et le défendre.

Elles congédièrent Anastaso et revinrent vers la maison, par des sentiers écartés, en dissimulant l'image. Arrivées dans le gynécée, elles l'enfermèrent avec précaution dans un coffre à bijoux, dont elles retirèrent la clef. La patricia avait tenu sa parole pour faire plaisir à Théophane ; mais elle était inquiète ; sa responsabilité l'effrayait. D'un côté sa foi et sa conscience lui demandaient cette bonne œuvre ; de l'autre, elle redoutait de compromettre son mari et elle craignait les délations. Il était difficile de tout concilier.

Quant à Zoé, elle voyait tout en beau ; elle s'élançait dans les espaces bleus et planait bien au-dessus des mesquines préoccupations de la vie, se sentant en si parfaite communauté de foi et de sentiments avec ce beau jeune homme qui l'avait sauvée, le matin de ce jour fortuné ! Et le lendemain, elle allait le revoir, dans un cadre nouveau ; avec l'attrait de la mer et l'appareil guerrier d'une flotte militaire, qui toujours excite si puissamment l'intérêt féminin. Elle serait chez lui, à son bord, dans un lieu où il commandait en maître. Elle désirait ardemment que le sable tombât plus vite dans la clepsydre qui marquait les heures, au milieu de l'atrium, quoiqu'elle se sentît troublée et confuse dans sa joie, en présence du jeune seigneur. C'étaient des impressions délicieuses qu'elle n'avait pas encore éprouvées et l'avenir lui apparaissait à elle si riant que les tristesses qu'elle eût pu entrevoir çà et là s'évanouissaient dans son âme charmée...

VI

IDYLLE

L'Impératrice a reçu la patricia Sévéra en audience de congé et a été très bienveillante.

— Reposez-vous, lui a-t-elle dit. Que Zoé se remette de son alerte du jour des courses. Le Basileus lui destine un époux digne par ses services et son dévouement au trône des honneurs dont il veut la combler.

Sévéra s'imagine qu'il est question de Théophane, car sa gracieuse souveraine connaît l'histoire de la Phiale. De qui en effet pourrait-il être question? Le jeune marin a déjà prouvé son dévouement à son maître. Sous les ordres de son père, il s'est glorieusement comporté, à la guerre, et son père occupe une si haute situation! La patricia n'ose interroger Irène par discrétion; mais elle est rassurée et fait ses préparatifs de départ. L'image sainte a été mise par elle au fond de la cassette qui contient ses objets les plus précieux, des vases d'or et des bijoux dont toutes les dames byzantines avaient une collection énorme, et cette cassette est confiée à un vieil eunuque qui se ferait tuer plutôt que de s'en séparer un instant.

Après avoir fait leurs adieux à Eulogios, les deux femmes montent, en face du portique de Justinien, dans le caïque qui les transporte à bord du dromon de leur ami, où on les reçoit comme des reines. Enveloppées dans un voile de gaze lamé d'or, entourées de leurs esclaves et de leurs eunuques, elles ressemblent en effet à deux divinités descendues sur la surface des flots. Les matelots du navire les admirent ; le commandant Théophane est ravi.

La flotte impériale comptait trois mille trois cents navires ; le gros en était formé par deux mille dromons ou *chelandia*, forts bâtiments pontés à quatre rangs de rameurs disposés par deux rangs de chaque côté (1).

Chacune de ces galères massives était manœuvrée par cent, cent cinquante ou deux cents rameurs et possédait en outre des troupes d'infanterie de marine, pour les jeter à terre à un moment donné,

(1) D'après M. G. Schlumberger, *Nicéphore Phocas*.

pendant l'action. Sur le pont de la galère s'élevait une haute tour de bois : le château (*xylokastron*), avec une machine de guerre pour lancer des projectiles, pierres ou pièces de fer. On appelait aussi

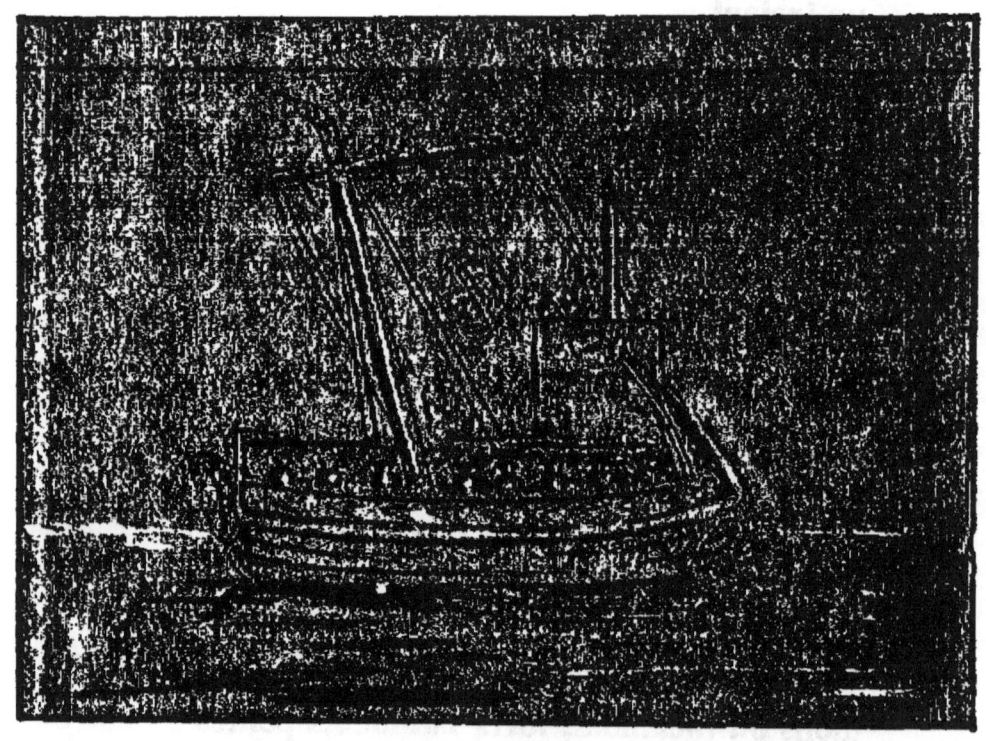

Un *Dromon* (d'après un dessin de l'époque)

ces galères *pyrophores* (porte-feu), car elles étaient pourvues à la proue d'un appareil spécial pour jeter contre les navires ennemis ce feu liquide ou grégeois, apporté à Byzance au viie siècle par le Syrien

Callinice et qui était un secret d'État. A la proue, on voyait donc une gueule de lion en bronze et des tubes longs et flexibles qui crachaient la pluie enflammée et mortelle, la terreur de l'ennemi.

Les matelots de la flotte étaient protégés par la cuirasse dont tout homme était revêtu.

Chaque dromon ou chelandia était commandé par un drongaire et tout un état-major d'officiers secondaires aux noms singuliers, les *carabes*, les *protocarabes*, les *subdrongaires*, les *drongarocomites*.

Chaque groupe de trois dromons était commandé par un *comite*, monté sur un plus grand bateau. Tous les comites étaient réunis sous les ordres du grand drongaire qui était quelque chose comme un amiral ou un sous-secrétaire d'État de la marine. C'était le second grand fonctionnaire de la marine impériale ; le premier se nommait le grand-duc ou le *mégaduc*. Le grand drongaire montait le navire amiral reconnaissable à ses proportions extraordinaires et au grand pavillon amiral, qui portait avant la persécution l'image de la Vierge Très Sainte et flottait à sa poupe.

Chaque thème maritime possédait aussi son armement spécial et un drongaire pour le commander : le plus cité était celui des Cibyrrhéotes ; là était la plus grande partie de la flotte d'Asie, afin de surveiller les Sarrasins et les pirates.

Enfin, tout était admirablement réglé dans cette flotte, qu'on serait tenté de juger très primitive : les exercices, les services de l'intendance, les fournitures. Un millier de transports commandés par des protocarabes, chefs-pilotes et officiers mariniers, contenaient les réserves et les magasins d'armes et d'ustensiles de tout genre : ils étaient remplis de cottes de mailles, de casques, sabres, boucliers, épieux, javelots, flèches, arbalètes, haches, crocs acérés pour perforer les navires, grappins, cordages, chaudrons, clous et crochets.

Le cérémonial de la cour, immuable comme l'ordre des saisons, prescrivait ce jour-là à l'empereur d'aller solennellement se baigner aux Blaquernes et de visiter l'église de ce palais. Enchaînée par l'étiquette, la galère de Téophane reste immobile, le temps nécessaire, pour laisser passer la trirème impériale. Le jeune commandant est debout près de ses passagères et leur explique la cérémonie.

.— Voyez ! le Basileus sort du palais sacré et descend l'escalier de marbre, conduisant au port impérial du Boucoléon ; il passe près du groupe du Lion et du Taureau. Sur le pont de la trirème, un pavillon de pourpre supporté par des cariatides dorées abrite le trône d'argent qui lui est destiné ; l'empereur a fait gratter, à la proue, la statue de saint Georges qu'on voyait là, jadis ; mais les flancs et la poupe ont gardé leurs sphynx, leurs lions et leurs sirènes.

— Qui monte à côté du Basileus ? demande Zoé.

— Trois officiers, toujours les mêmes dans cette circonstance : le logothète de la course (1), le protosecrétaire et le drongaire des gardes de nuit, puis un détachement de prétoriens.

— Les matelots se courbent sur les rames dorées, crie la jeune fille en battant des mains, la trirème quitte le Boucoléon, tourne la pointe et monte le long des murailles maritimes, vers le port Théodose et les Blaquernes...

Les deux femmes avaient été souvent aux Blaquernes. « Il n'était pas un Byzantin, pas un voyageur venu à Byzance depuis le ve siècle, dit M. G. Schlum-

---

(1) Chargé de la sûreté générale.

berger (1), qui n'eût fait un pèlerinage en ce lieu. Les empereurs et les impératrices allaient se plonger dans la source sainte *nagiasma* qui sourd encore aujourd'hui dans la crypte; c'était là qu'avait été définitivement déposée la robe indestructible, l'*Himation* ou *Maphorion* de la Vierge, ce vêtement fameux retrouvé en 469, sous le règne de Léon, chez une pieuse juive de Jérusalem.

« On voyait là la Vierge des Blaquernes, le talisman de Constantinople, représentée de face, les mains levées dans l'attitude consacrée de l'oraison, implorant son fils en faveur de sa chère et dévote capitale, la poitrine cachée sous un énorme médaillon, représentant la tête du Rédempteur, sous le nimbe crucigère. »

Telle était la *Panagia Blachernitissa*.

« Sous le règne d'Héraclius, en 626, continue M. Schlumberger (2), le terrible peuple des Avares, allié aux Perses de Chosroës, qui s'était emparé de Scutari, en l'absence de l'empereur, était venu assiéger la ville *gardée de Dieu*. C'était la première fois

---

(1) *Le Palais des Blaquernes.*
(2) *Ibid.*

que les Barbares attaquaient la capitale de l'empire d'Orient. Le péril était extrême et les Byzantins allaient succomber, mais le patriarche Sergius parcourut processionnellement les remparts avec son immense clergé, présentant à l'armée barbare *l'image*

La Panagia des Blaquernes

terrible de la Vierge des Blaquernes. Les fils de la steppe détournèrent la tête pleins d'effroi. »

Le portrait de la Vierge et son vêtement étaient déposés dans une chapelle spéciale, véritable *cella* d'or et de pierres précieuses, toute encombrée de mille *ex-voto*, où le Basileus seul pouvait pénétrer. Constantin avait dû respecter la Vierge célèbre ; il avait reculé devant la probabilité d'une explosion populaire.

Le clergé affecté au service de l'église comprenait soixante-quatorze dignitaires archiprêtres ou doyens, prêtres, diacres et diaconesses, sous-diacres gardiens des vases sacrés, anagnostes, chantres et portiers.

— Tu y as été souvent? demanda Théophane à la patricia.

— Oui, plusieurs fois. Je puis te dire comment s'accomplit la cérémonie. Le patriarche s'est rendu de son côté processionnellement à l'église avec tous les métropolitains et les évêques présents dans la ville. Le Basileus arrive d'un autre côté ainsi que nous venons de le voir, avec son fils porphyrogénète; les grands officiers du palais sont montés sur d'autres galères. Ils sont tous là, despotes, grands ducs, protosébastes et sébastes, sébastocrators, magistri, spathaires, catépans, élisurarques, comtes, grands domestiques, protocentarques et protostratores.

— Il n'y a, je crois, dit Zoé en s'adressant à Théophane, que mon père qui soit excepté. Pauvre père!

obligé de retourner là-bas, à la frontière; il n'a jamais un moment de tranquillité.

— Au moins, répondit le jeune homme, il n'est pas témoin de bien des misères, et puis le séjour des villes est dangereux parfois...

— Pour le moment, dit la jeune fille avec enjouement, nous nous en soucions peu, nous redevenons campagnardes.

— En ce moment, reprit la patricia, le Basileus débarque au pied de l'église, entre une double haie de sénateurs et de patrices revêtus du scaramangion (1). Ceux-ci se prosternent à sa vue et le suivent dans l'église. Là, le *scenophylax*, chargé de la garde du sanctuaire, reçoit le Basileus dans le propylée et agite devant lui l'encensoir d'argent. On remet à l'empereur un cierge qu'il allume; il baise la table sacrée de l'autel, fixe le cierge à la porte du caveau où l'on garde la Sainte Robe et y descend, suivi des eunuques cubiculaires seulement. Il fait encore d'autres stations dans diverses chapelles et monte par un escalier en spirale dans une chambre où les

---

(1) Vêtement de cérémonie fendu sur les côtés, jusqu'au genou. On l'a vu ailleurs porté par l'empereur.

baigneurs le déshabillent et le revêtent du *lentium*, la chemise dorée. On le conduit alors dans le *natatorium*, où il devrait adorer les icônes.

— Mais je ne crois pas qu'il le fasse ; — il entre ensuite dans la piscine, où l'eau coule des mains d'une image de la Vierge ; le *protembataire* (chef des baigneurs) bénit l'eau et, après trois immersions, l'empereur sort et est rhabillé par les chambellans. Il donne le baiser de paix au patriarche et quitte le palais. Au pied de l'escalier, le préposé aux cérémonies a fait ranger douze porteurs d'eau, « la main droite tendue avec grâce » ; le Basileus remet à chacun deux *nomismata* (1).

— Voilà, certes, un intéressant récit, noble patricia, dit l'officier ; mais nous n'avons plus rien à faire ici ; inutile de nous retrouver sur le passage de la cour. Si tu permets...

Il donna l'ordre du départ.

Les deux femmes s'assirent à l'arrière, sur des sièges d'ivoire qu'on venait d'apporter. Le pont était couvert de fleurs ; près d'elles, sur une table légère, on avait placé des corbeilles pleines de gâteaux au

(1) Ecus d'or.

miel, des dattes, des figues et de ces confitures à la rose dont les femmes grecques ont raffolé de tout temps. Ils longeaient en ce moment la côte asiatique, où, pendant ce jour de fête, on pouvait apercevoir çà et là des jeunes filles couronnées de violettes, dansant des rondes en se tenant par la main. De petites barques, de nombreux caïques glissaient sur les vagues phosphorescentes, jetant aux échos les accords de la cithare et les chansons d'Ionie ; l'air était doux, le paysage véritablement enchanteur.

Au gouvernail, derrière le groupe formé par les deux femmes et l'officier, se tenait un jeune homme robuste, à l'air sérieux, aux traits réguliers, qui jetait de temps à autre et comme à la dérobée un regard de sympathie sur ses voisins. La patricia le remarqua.

— Quel est ce marin? demanda-t-elle à Théophane.

— Ah! j'oubliais mon brave Paul, dit celui-ci ; nobles dames, je vous présente mon ami, mon frère, le fils de ma nourrice. Il n'y a pas de meilleur cœur, d'homme plus dévoué et plus brave dans toute la flotte de guerre...

Et comme Paul rougissait sous ce déluge d'éloges :

— Je te connais, lui dit Zoé, tu es protocarabe... tu es toujours sur le même bord que ton ami Théophane.

— Comment sais-tu tout cela, ma fille? fit sa mère étonnée.

— Le drongaire n'avait pas dit deux mots, quand il m'a rencontrée pour la première fois, répondit-elle malicieusement, qu'il m'avait déjà parlé de son frère Paul. Je le connais donc, je connais aussi sa mère et... je les aime beaucoup, tous deux...

Théophane lui jeta un regard reconnaissant. On arrivait en vue de Mokylos et la nuit tombait ; on aborda. Des esclaves aidés par les matelots du dromon sortirent les bagages de l'entrepont ; d'autres serviteurs, prévenus d'avance dans la journée, étaient là, sur le rivage, avec des litières et des torches. Le débarquement s'effectua rapidement.

Le jeune officier se pencha sur les mains de ses nouvelles amies pour les baiser ; il regrettait de les quitter déjà, et il avait pourtant passé une grande partie de la journée en leur compagnie. Sévéra mit du baume sur la plaie de son cœur :

— Tu viendras souvent, mon fils ; toutes les fois que tu pourras ; nous serons toujours heureuses de te voir.

La Villa de Sévéra.

— Oh ! merci, patricia, merci de toute mon âme !

La villa du général Eulogios s'élevait au pied du mont Saint-Auxence, dans une vallée où coule une petite rivière courant vers le Bosphore. Deux fortes tours flanquaient l'entrée à droite et à gauche. On retrouvait dans la maison le vestibule, l'atrium, le bain, le gynécée. C'était donc une maison romaine, mais du Bas-Empire. On s'en apercevait aux chapiteaux en forme de pyramides renversées, aux moulures des entablements, aux portes ornées de feuillages, de tresses, de cordons de pierre, d'animaux fantastiques peints en or, en rouge, en bleu, couleurs qui s'harmonisaient avec les mosaïques et les marbres du sol et des murs. Sous le vestibule, on voyait un Hercule de bronze appuyé, dans une belle pose, sur un tronc d'arbre, et une Pallas, la lance en main; mais l'Hercule avait des ongles d'argent et la Pallas des pendants d'oreilles et des cheveux postiches.

Des tentures de pourpre flottaient entre les colonnes d'argent, qui soutenaient le plafond de l'atrium où couraient des arabesques. Sur le fond de mosaïque d'or des parois, se détachaient des arbustes fleuris. Le sol était pavé de larges plaques de marbre de Caryste, dont les veines azurées reproduisaient la couleur et les ondulations des flots du Bosphore voisin. Au milieu de la pièce, un brûle-parfums du pays des Sères (1), posé sur une table d'argent incrustée

(1) La Chine.

de nacre et d'ivoire, lançait en l'air des spirales de vapeur odorante.

Dans le parc, au milieu des bosquets de cyprès et des massifs de rosiers, on remarquait des cages dorées où le général avait enfermé les animaux féroces qu'il avait rapportés des lointaines régions où les hasards de ses expéditions l'avaient conduit. Pour les grands seigneurs de Byzance, c'était un luxe que de posséder une ménagerie complète ; ils entretenaient aussi à leur solde une petite troupe d'hommes, chargés de faire la police dans leurs demeures et de les accompagner en pompe quand ils sortaient.

Pour être plus libre, la patricia, qui était entourée du respect universel, avait relégué ses *bravi* dans les communs, à droite et à gauche du vestibule ; les eunuques esclaves seuls avaient la garde du parc pendant la journée, et la mère et la fille passaient presque tous leurs instants, étendues sur des coussins disposés sous les berceaux embaumés.

Théophane avait profité de l'autorisation qu'on lui avait gracieusement accordée ; tout le temps dont il pouvait disposer en dehors de son service, il le passait à la villa ; la liberté d'allure étant plus grande à la campagne.

Il apportait des nouvelles.

— Le Basileus n'a pas dit un mot depuis l'affaire de l'Hippodrome ; ceci peut passer pour étrange vis-à-vis de ceux qui le connaissent... Savez-vous une chose tout aussi invraisemblable ? Le cocher Calliope, champion des Verts, vaincu aux dernières courses, a, dans sa rage, annoncé sa détermination de se faire moine.

— Ah ! ce n'est pas le moment !

— Non vraiment ! Avez-vous des nouvelles du très noble Eulogios ?

— Oui, il nous a envoyé un messager d'Andrinople ; il doit être à Philippopolis maintenant, et il espère traverser les monts Hémus (1) dans quelques jours. Il nous charge de compliments pour toi.

— Théophane, mon père m'envoie pour me consoler de son absence un bracelet que je vais te montrer, ajouta Zoé.

— Il est superbe, dit le marin, et je n'ose plus t'offrir ce que je t'ai apporté du palais des Lampes.

(1) Les Balkans.

— Quoi ? Mais quoi ? dis vite, ami !

— Un tout petit présent, un rien.

Il exhiba alors de dessous sa chlamyde militaire un délicieux miroir cerclé d'argent et enrichi de saphirs.

— Et tu appelles cela un petit rien ! s'écria Zoé, au comble de la joie. Mais c'est merveilleux ! Qui a fait ce bijou ?

— On m'a dit qu'il venait de Damas, en Syrie... chère âme, quand tu t'y regarderas, dis-toi bien que tes yeux sont mille fois plus beaux que ces pierres bleues...

La patricia sourit, pendant que sa fille se servait du miroir pour tenter l'expérience et faire la comparaison. Sévéra ne se dissimulait pas qu'elle favorisait une intrigue et qu'elle assistait au développement d'un amour réciproque. Elle interprétait, du reste, suivant ses secrets désirs, certaines paroles prononcées devant elle par l'impératrice; elle n'avait donc aucun sujet d'inquiétude.

— Pour te récompenser, ami, je vais te faire de la musique ! Je chanterai, tu tiendras le miroir élevé devant moi, à la hauteur de mon visage, comme ceci...

Le drongaire céda à la capricieuse enfant, qui prit une lyre d'ivoire et, la posant sur ses genoux, chanta en se regardant dans la glace ces vers du poète Paul le Silentiaire, pleins de grâce et de mouvement.

« Ni la rose n'a besoin de couronnes, ni toi de voiles brodés ou de réseaux en pierreries. Les perles sont moins blanches que ta peau et l'or n'ajoute aucun éclat à ta chevelure négligée. De l'hyacinthe indien jaillit un feu noir et charmant, mais moins vif que celui de tes prunelles. Tes lèvres fraîches, ta taille harmonieuse et divine ont la puissance du ceste de Vénus. Ta beauté m'oppresse; seuls, tes yeux me raniment, parce que l'espérance y repose (1). »

Les mains de Théophane tremblaient en tenant le miroir.

— O Zoé, soupira-t-il, ô Zoé, tu as parlé pour moi !

Trois semaines passèrent ainsi dans un oubli complet du monde entier. Un soir Théophane arriva triste et inquiet.

— J'ai appris une fâcheuse nouvelle, dit-il aussi-

(1) Anthologie de P. le S.

tôt. Un décret sévère de l'empereur contre les iconolâtres vient de paraître. Des perquisitions auront lieu partout.

— Je vais être obligée de quitter la villa dans quelques jours, dit la patricia, pour retourner à la cour et reprendre mon service. Je ne pourrai jamais rapporter l'Image chez moi là-bas; d'autre part, la laisser ici serait trop imprudent; j'ai pensé à une chose...

— Décide, patricia.

— J'irai confier l'image au supérieur du mont Saint-Auxence, à l'abbé Étienne... Il ne refusera pas de la garder dans sa solitude, éloignée des troubles et des dangers.

Il fut décidé que dès le lendemain même la patricia irait faire une visite à l'abbé. Le drongaire devait l'accompagner.

VII

LE MONASTÈRE

On n'aura sans doute pas oublié un personnage apparu au commencement de notre récit et destiné à y jouer un rôle important. Le spathaire Syncletus attendait avec impatience le jour fixé par le moine Sergius. Ce jour arriva, et le jeune homme, de bon matin, alla prendre congé de son père le patrice Calliste, qui lui-même, on s'en souvient, avait échoué précédemment dans une entreprise contre Étienne.

Il trouva Calliste dans sa bibliothèque, devant une petite table d'argent, chargée de coupes et d'un cyathe de vin de Chio. Il attendait des amis.

Les murs de la salle circulaire étaient décorés de plaques de marbre vert sur fond de mosaïques, et des fenêtres pratiquées tout autour laissaient pénétrer le soleil à flots...

Au milieu, un socle de bronze portait un globe terrestre en argent, d'après Ptolémée et les récentes découvertes des Arabes ; les armoires de cèdre, surmontées de bustes d'empereurs, de philosophes, de poètes et de Pères de l'Église, renfermaient des rouleaux pleins de livres. C'étaient Homère, Eschyle, Sophocle et Anacréon ; les recueils de Novelles, de Digeste et de Pandectes du grand Justinien, des vies de saints, des ouvrages de controverses contre les juifs, les sarrasins et les hérétiques ariens, nestoriens et eutychéens, des traités de magie. Pour l'histoire, Procope, ancien sénateur et préfet de Byzance. D'abord, l'*Histoire de son temps* en huit livres, où il fait l'éloge de Justinien ; ensuite l'*Histoire secrète*, où il blâme ce qu'il avait loué précédemment ; enfin les *Six discours sur les édifices*. Pour la poésie moderne, le Paul, dont nous avons parlé, avec son *Histoire de sainte Sophie* en vers et ses *Épigrammes ;* l'*Héracliade* de Pisidès. Pour l'éloquence saint Basile avec ses *Homélies*, ses *Traités de morale*, son *Hexaméron ;* saint Grégoire de Naziance avec ses cinquante sermons et ses cent dix-huit poèmes ; enfin le roi des orateurs, le patriarche à la bouche d'or, Jean Chrysostôme, avec ses nombreux discours, homélies et panégyriques.

Avec cela, un lettré de Byzance pouvait tuer le temps...

Un patrice est un grand personnage ; il a le pas sur les sénateurs et les évêques ; il ne paie pas d'impôts et échappe aux juridictions et aux châtiments ordinaires ; il peut monter dans un char doré, entrer au Palais quand bon lui semble, baiser l'empereur sur le front et sur la joue, et si Calliste s'est prosterné un jour pour embrasser les brodequins de Constantin, c'est qu'il avait à se faire pardonner son insuccès par son terrible maître.

Un eunuque, en robe de soie blanche, l'éventail doré à la main, introduit un visiteur. C'est un négociant de Byzance qui vient en solliciteur.

— Noble patrice, dit celui-ci, tu sais que la ferme aux marchés est mise aux enchères, moyennant une redevance annuelle, avec faculté pour les adjudicataires de s'approprier les denrées, au prix fixé par eux-mêmes ; je voudrais être préposé aux enchères pour...

— Pour réaliser des bénéfices décents... je comprends...

— Mais, seigneur...

— Tu te procureras du blé gâté, que tu revendras à grand prix aux boulangers.

— Mais si je sollicite, c'est pour une affaire que je me permets de proposer au noble patrice...

Monnaies byzantines

— Combien donnes-tu? dit le grand seigneur, en regardant le marchand dans le blanc des yeux.

— Cinquante nomismata pour cent de bénéfice...

— Je parlerai à qui de droit. Reviens me voir après-demain.

Le patrice parlera; mais les vivres continueront à coûter à Byzance trois ou quatre fois plus cher qu'en province et les impôts continueront à être écrasants. Il y avait plus qu'on ne pense de points de contact entre le Bas-Empire et l'empire des Sères ou des Chinois. Seulement c'est la vieille Byzance et la jeune Chine qui se ressemblent.

Le négociant parti, un autre homme entra; il était bizarrement vêtu d'une robe de soie jaune et coiffé d'un bonnet noir. C'était le médecin juif de Calliste : il venait le voir tous les jours à cette heure. Il lui tâta le pouls et sortit content. Les 50 pour 100 promis donnaient à Calliste une très bonne santé.

Syncletus se présenta, comme il sortait :

— Père, je viens te faire mes adieux : je pars pour Saint-Auxence. Tu connais les ordres du Basileus?...

— Oui! Tu joues gros jeu, sais-tu?...

— Je le sais; mais au bout il y a la récompense.

— Laquelle? Toujours cette petite Zoé?

— Père, c'est le plus riche parti de tout Byzance. Son père a été comblé d'honneurs et d'argent par le Basileus. C'est le plus brave et le plus heureux de tous les généraux...

— Oh! un intrigant, un ambitieux...

— N'importe! il est riche.

— Mais enfin ! elle t'aime, cette enfant ?

— Que m'importe encore ! pourvu que je l'obtienne.

— Bien raisonné ! Une autre observation : ne crois-tu pas que la patricia soit entachée d'hérésie ? On le dit tout bas au Palais...

— Mon père, si Sévéra est inconoclaste, elle m'accordera sa fille ; si elle est iconolâtre, elle sera aussi bien forcée de me la donner. Dans le premier cas, nous agirons par la douceur ; dans le second, par la menace et la violence.

— Et tu espères convaincre cet entêté de moine, et après le surprendre et le livrer ?

— Comme tu le dis. Tes leçons sont bonnes, père, je m'en souviens ; tu m'as bien élevé.

— Que Dieu te garde, enfant, et te fasse réussir ! Je t'accompagne de mes vœux... Prends garde à l'Hippodrome !...

— On me l'a déjà dit et je n'ai pas tremblé.

— Alors ! adieu ! bonne chance ! *Xairé !*

— *Xairé !*

Le père et le fils étaient dignes l'un de l'autre. Ils se comprenaient.

Le jeune spathaire prit un bateau au port de Théodose et traversa le Bosphore. Il ne lui fallut guère que quelques heures, en longeant la côte, pour être rendu à terme. Il n'emportait absolument rien avec lui, décidé cette fois à vaincre les résistances d'Étienne et à pénétrer dans la place ; il n'avait à la main que le bâton du voyageur.

La première personne qu'il aperçut en débarquant sur le rivage, à deux kilomètres environ de l'endroit où Sévéra avait débarqué elle-même, avec sa fille, fut le procureur Sergius qui l'attendait au bas de la montagne de Saint-Auxence, comme il avait été convenu entre eux.

Sergius courut à lui, s'empressant...

— Ami, salut !... J'ai réfléchi à la question que tu m'as posée sur le sexe des anges à notre dernière entrevue...

Brusquement, il se tut. Il venait de jeter un regard sur son interlocuteur, et ce simple coup d'œil avait suffi pour lui prouver que le moment n'était pas favorable à une discussion théologique. Le spathaire l'arrêtait d'un geste significatif.

— Tout est-il comme je l'ai voulu?... Le terrain est-il préparé? Serai-je admis?...

— Je le crois, seigneur, répondit le moine tout confus; j'ai tout fait pour cela. L'abbé t'attend...; au moins, il consent à te voir...

— C'est bien. Marchons.

Ils traversent d'abord une plaine bien cultivée et arrivent au pied de la montagne, où ils passent le long des murs d'un couvent de religieuses, puis, par des pentes assez douces, ils s'enfoncent dans une forêt de noyers, de charmes et de cerisiers, s'acheminant, à travers des torrents, vers la région des sapins. Là, sur un plateau élevé, se dresse le monastère des religieux, où ils s'arrêtent un instant.

On y entre par une porte précédée d'un vestibule et décoré de peintures. Derrière, au milieu d'un préau planté de sapins, s'élève l'église principale, le *catholicon*, bâti sur le modèle de Sainte-Sophie de Constantinople. Devant la façade occidentale est une fontaine à coupole, supportée par des colonnes, et sous la coupole sont peints des sujets où l'eau figure toujours: le passage des Israélites à travers la mer Rouge, le baptême du Christ dans le Jourdain, la

pêche miraculeuse dans le lac de Génézareth.

Un cloître vient se relier au *catholicon*. Sous les galeries on voit d'abord, en face de la fontaine, le réfectoire, vaste salle ornée de peintures appropriées à sa destination : les noces de Cana, la multiplication des pains, Jésus chez Simon le Pharisien. Autour du cloître sont disposés la salle du chapitre, la bibliothèque, les ateliers de travail, l'habitation de l'higoumène ou abbé du monastère et les logements destinés aux hôtes. Les cloches sont encore inconnues ici ; mais devant l'église, dans le *narthex*, est suspendue une plaque de fer qu'on frappe avec un marteau, quand il faut appeler les moines au chœur.

Tel était l'aspect général d'un monastère grec au VIIIe siècle ; il n'a guère changé depuis, comme on peut s'en convaincre en visitant l'Orient et la Russie. Les religieux habitaient soit des cellules dans l'intérieur du couvent, soit des grottes ou *laures*, creusées aux flancs des rochers environnants.

Saint Éphrem, qui avait lui-même embrassé la vie monastique et vivait au IVe siècle, nous fait un tableau intéressant de la vie pénitente qui fut la gloire du désert dans les premiers âges du christianisme.

« Les cavernes et les rochers, dit-il, sont les demeures des religieux ; ils se renferment dans les montagnes comme entre des murs et des remparts inaccessibles ; les herbes sauvages sont leur nourriture ordinaire, et les eaux qui coulent dans les ruisseaux sont tout leur rafraîchissement. Leurs prières sont continuelles et ils passent des journées entières dans ce saint exercice ; ils guérissent nos maladies par l'efficacité de leurs oraisons. Ces saints intercesseurs sont toujours présents devant Dieu et ne s'en séparent jamais ; ils ne savent ce que c'est que de s'élever dans les honneurs et de rechercher les premiers rangs ; leur bassesse est toute leur gloire, et c'est par elle qu'ils s'efforcent de se rendre les fidèles imitateurs de Celui qui, étant riche, s'est fait pauvre pour l'amour de nous. Ils ne se donnent aucun repos dans ce monde, parce qu'ils sont remplis de consolations spirituelles ; ils vont errant dans les déserts et vivent avec les bêtes sauvages qu'ils y rencontrent, ils sont sur le sommet des montagnes comme des flambeaux ardents qui éclairent ceux qui viennent les trouver par le mouvement d'une piété sincère ; ils sont dans les solitudes comme des murs inébranlables, et c'est ce qui fait qu'ils y conservent une paix ferme et constante.

« Ils se reposent sur les collines comme des colombes et ils se tiennent comme des aigles sur la cime des rochers les plus élevés. Ils font retentir de toutes parts les louanges de Dieu comme des trompettes éclatantes. Jésus-Christ, qui ne les abandonne pas, et les armées de ses anges qui les environnent sans cesse les défendent contre les attaques de leurs ennemis. S'ils mettent les genoux sur la terre, elle est aussitôt trempée de leurs larmes.

« Leur mort n'est ni moins heureuse, ni moins admirable que leur vie; ils n'ont aucun soin de se construire des tombeaux, car ils sont crucifiés au monde, et la violence de l'amour qui les a unis à Jésus-Christ leur a déjà donné le coup de la mort. Plusieurs d'entre eux se sont endormis d'un sommeil doux et tranquille dans la force et dans la ferveur de leurs prières. Quelques-uns, sachant que le moment de leur délivrance était arrivé, confirmés dans la grâce de Jésus-Christ, après s'être armés du signe de la croix, se disposaient et se plaçaient d'eux-mêmes dans le tombeau. Il s'en est trouvé qui, en chantant les louanges du Seigneur, ont expiré dans le moment et dans l'effort de leur chant, la mort seule ayant terminé leur prière et fermé leur bouche.

« Enfin ces hommes incomparables attendent incessamment que la voix de l'archange les réveille de leur sommeil et que le moment étant arrivé auquel la terre doit rendre, par le commandement de Dieu, les corps qui lui ont été confiés, ils renaissent et refleurissent tout de nouveau comme des lis d'une blancheur, d'un éclat d'une beauté infinis, et que Jésus-Christ couronne de sa main et récompense de son éternité bienheureuse les travaux qu'ils ont endurés pour son service et pour sa gloire (1). »

Ce tableau convenait admirablement à la vie menée par saint Étienne et ses compagnons sur les sommets du mont Saint-Auxence.

Toutefois, le procureur Sergius avait des fonctions qui l'obligeaient à des relations fréquentes avec le dehors et qui peu à peu altéraient chez lui l'esprit

(1) *Opera S. E.*

monastique. Néanmoins, il était très fier de son monastère et, comme il était aussi très bavard, il parlait tout en marchant et faisait à Syncletus la biographie de l'abbé.

— Étienne est né à Constantinople, en l'an 714, et il a été consacré à Dieu dès le sein de sa mère. Ses parents étaient riches, dit-on, mais surtout recommandables par leurs vertus. Ils choisirent pour leur fils les maîtres les plus habiles et lui inspirèrent dès l'enfance la plus tendre piété et une connaissance parfaite de la foi catholique. Durant la persécution de Léon l'Isaurien contre les saintes images, ils prirent la fuite, comme beaucoup d'autres; mais avant leur départ, ils voulurent mettre en sûreté leur enfant, qui n'avait alors que quinze ans, et le placèrent ici, dans le monastère de Saint-Auxence.

L'higoumène Jean lui donna l'habit et, l'année suivante, l'admit à la profession. Étienne montrait une grande ferveur. Son père étant mort quelque temps après, il fut obligé d'aller à Constantinople; comme le grand Antoine d'Égypte, il vendit ses biens et en distribua le prix aux pauvres. Il avait deux sœurs, dont l'une était religieuse dans la ville;

il emmena l'autre en Bithynie, avec sa mère, et les mit aussi dans un monastère. Rentré ici dans la solitude, il s'occupa principalement à méditer les saintes Écritures, en s'aidant des commentaires du patriarche Chrysostôme. Après la mort de l'higoumène Jean, Étienne fut unanimement choisi pour lui succéder, quoiqu'il n'eût que trente ans...

Il t'a reçu, la dernière fois, dans le monastère, seigneur, mais ce n'est pas là qu'il habite. Comme Jean, il demeura d'abord dans une laure au sommet de la montagne, où il sanctifiait par la prière le travail des mains; il copiait des livres et, à l'instar de l'apôtre Paul, il confectionnait des filets; c'est ainsi qu'il gagnait de quoi vivre, comme c'est la coutume des moines. Pour tout vêtement, il porte, tu le sais, une peau de mouton et une ceinture de fer...

Une noble veuve est venue un jour le trouver pour se mettre sous sa direction; il lui a imposé le voile et le nom d'Anne : c'est elle qui dirige le couvent d'en bas, près duquel nous venons de passer. Enfin, il y a une vingtaine d'années, l'abbé a laissé le gouvernement de la communauté d'hommes à l'higoumène Marin et afin de mener une vie plus solitaire

Étienne d'Auxence

et plus pénitente, il s'est retiré là-haut, dans une grotte plus étroite encore que celle dans laquelle il habitait jusque-là. Il peut à peine s'y tenir debout ou couché. Quand le Basileus Constantin a envoyé des soldats dernièrement pour prendre l'abbé, ils ont été obligés de le porter, car il ne pouvait remuer les jambes.

— Tu ne m'apprends rien, grommela le spathaire. C'était mon père qui commandait le détachement envoyé à cet effet.

— Ton père? le patrice Calliste! Je te demande pardon. Alors on t'aura raconté que l'abbé et nous qui l'accompagnions nous sommes demeurés enfermés dans le cimetière et sans manger, pendant six jours. Après quoi le Basileus a envoyé un autre officier qui a reconduit le saint homme dans sa laure. Avant de se retirer, les soldats se sont recommandés à ses prières... Mais nous arrivons...

Le portrait tracé par Sergius était très réel. Au détour d'un sentier, à l'entrée d'une caverne, les deux compagnons aperçurent tout à coup celui dont la renommée s'étendait dans tout l'Orient et même en Europe, celui qui tenait tête au maître du monde. C'était pourtant un vieillard débile, à la tête chauve, aux membres grêles et jaunes comme la terre, à la longue barbe blanche. Deux grands yeux noirs et brillants animaient cette tête d'une effrayante maigreur et annonçaient une indomptable énergie.

Syncletus s'agenouilla devant l'abbé.

— Père vénérable, bénis-moi !

— C'est toi ! mon fils, dit Étienne ; oui ! je t'attendais. Mais as-tu bien réfléchi à notre dernier entretien ? Tu appartiens à la cour, et défense a été faite aux monastères de recevoir des novices. Deux raisons pour ne pas t'admettre...

— Permets-moi, mon père, de renouveler mes instances : je suis un homme persécuté dans ma foi, même au sein de ma famille. Je ne puis ni ne veux plus vivre au palais... mon salut est en grand péril... J'ai soif de repos. Le frère Sergius t'aura tout dit...

— Oui, il m'a parlé. Donne-moi des nouvelles de l'auguste Basileus Constantin. Songe-t-il à s'amender et à cesser la persécution ?

— Oh ! non ! s'écria Syncletus, les choses vont de mal en pis. Un nouveau décret a paru contre les images; on va faire des perquisitions partout.

— Mon fils, espérons! Si Dieu est avec nous, qui pourra être contre nous?... Je me laisse toucher par les instances : je t'accorde ta demande... Nous allons essayer... Tu entreras aujourd'hui en qualité de novice à Saint-Auxence. Je charge notre frère Sergius de te conduire à l'higoumène Marin, en le priant de te recevoir à l'épreuve. Va! Adieu! je te bénis.

Le piège tendu par Copronyme consistait à faire admettre un de ses courtisans dans le monastère pour avoir le droit de se plaindre et de tirer de là une vengeance éclatante, puisque les lois étaient violées ouvertement. Ce piège ourdi habilement menaçait de réussir.

Syncletus commença son noviciat dans la solitude et le calme, au milieu des exemples d'édification, loin des bruits du monde. Tantôt il courait au *catholicon*, au son du marteau résonnant sur les planches d'airain, et quand la nuit tombait, les chants graves des religieux s'élevaient sous la voûte du temple et les mosaïques de l'iconostase, éclairées par la flamme vacillante des cierges blancs, étincelaient dans la pénombre, jetant l'âme des assistants dans une pieuse extase; tantôt il assistait au repas du réfectoire, invariablement composé d'une soupe aux lentilles, d'oignons, d'olives, d'œufs de poissons, de coquillages, de fruits et de gâteaux au miel, pendant qu'un moine lisait à haute voix un pamphlet théologique contre les iconoclastes.

D'autres fois, il pénétrait dans le trésor du monastère, conduit par Marin, qui lui faisait admirer les reliquaires, les ostensoirs, les calices et les chapes de brocart, surchargées d'or et de pierreries, ou déployait devant lui les bulles octroyées au couvent, ornées des portraits des empereurs, en vêtements de pourpre et couronne en tête. D'autres fois encore, pendant les récréations, il allait causer avec des moines, qui sous l'habit noir cachaient tout un mystérieux passé de gloire ou de crimes peut-être. Celui-ci était un ancien officier du palais impérial, celui-là un brigand très redouté, cet autre un peintre sorti de la grande école de Thessalonique. Et ce dernier, Syncletus le regardait, pendant des heures, manier le pinceau, en suivant scrupuleusement les indications du *Guide*, qui donne pour chaque saint personnage la proportion de la figure, la couleur de la barbe, la nuance de la robe et le nombre de ses plis.

Lui-même, l'ancien spathaire, se prenait à fabriquer les figurines d'une croix de bois ou à sculpter un diptyque d'ivoire. Ses anciens compagnons ne l'eussent pas reconnu. Est-ce que la vue d'Étienne et ses paroles, et le spectacle de cette vie religieuse l'auraient troublé ? Est-ce que son cœur commençait à changer ? Est-ce qu'il allait prendre goût à son nouvel état ? Et quand il gravissait, par une belle matinée, le plus haut sommet de Saint-Auxence et qu'il jetait les yeux sur le magnifique panorama de la Propontide et du Bosphore, du côté où brillaient le dôme doré de l'*Agia Sophia* et le grand triangle diamanté qui s'appelle la « Ville gardée de Dieu », allait-on le voir étendre les bras et l'entendre s'écrier ?

— Jamais, jamais tu ne me reverras, ô Byzance !

Après deux semaines de cette vie nouvelle et reposante, un matin, il fut appelé par l'abbé Étienne, qui recevait volontiers les moines dans sa grotte escarpée.

L'aurore rougissait le ciel. Syncletus gravit la

montagne, se demandant ce qu'il allait répondre à l'abbé. Il ralentit le pas et regarda du côté de la mer. Soudain, à l'horizon, il aperçoit un point noir qui grossit de plus en plus et qu'il distingue bientôt parfaitement. C'est un navire dont les voiles sont roulées, mais les trois rangs de rameurs manient l'aviron avec une adresse merveilleuse et un pavillon bien connu flotte à l'extrémité du grand mât. Il a reconnu un dromon de la flotte impériale... Sur ces rivages écartés ?... Pourquoi ?... Le bâtiment stoppe ; une barque légère conduite par huit hommes s'en détache. Un homme y descend et y installe une femme. On nage vers la côte. L'homme et la femme descendent...

— C'est étrange! murmure le novice.

Il oublie vite sa visite à Étienne. Il a cru reconnaître, oui! il reconnaît la patricia à ceinture et, dans celui qui l'accompagne, l'officier qui a sauvé Zoé. L'histoire a été divulguée.

— Mais pourquoi, se dit Syncletus, pourquoi porte-t-il lui-même ce paquet à la main, que devrait porter un serviteur ?...

C'est tout un monde d'interrogations dans la cervelle de l'ex-spathaire, et surtout maintenant qu'il les voit gravir la montagne et s'engager dans le sentier qui conduit à la cellule d'Étienne, car ils ont pris des renseignements. Lui, se cache derrière un bouquet de lentisques ; il voit encore Sévéra s'arrêter à un jet de pierre de l'habitation du Saint, qu'aucune femme n'ose aborder, et Théophane s'approcher seul, toujours portant son léger fardeau. Étienne, prévenu par un moine, paraît sur le seuil de la grotte, impose ses mains vénérables sur le front du marin et envoie de loin sa bénédiction à la patricia, pendant que Théophane découvre l'objet caché et parle à l'abbé... Mais quoi !... C'est une peinture ! une image qu'on lui apporte de Constantinople !... On veut la lui confier ; la chose est évidente.

Malheureusement, Syncletus ne saisit rien de la conversation. En ce moment aussi, la planche d'airain résonne, appelant à l'office les moines répandus dans la campagne et qui, de tous les côtés, se hâtent vers le *catholicon*. Dans la crainte d'être surpris en flagrant délit d'espionnage, il se dirige lui-même vers le monastère. Mais il sait ce qu'il voulait savoir ; il en sait assez...

Pendant ce temps Étienne disait à Théophane :

— Mon fils, que Dieu vous garde en toutes vos voies, toi et la noble patricia ! Il vous confiera à ses anges, afin que ceux-ci vous conduisent dans le chemin : ils vous porteront pour que vous ne vous heurtiez point contre les pierres ; vous marcherez sur l'aspic et le basilic ; vous foulerez aux pieds le lion et le dragon... Écoute... la prudence m'interdit de conserver ici cette pieuse image : je ne suis pas sûr de tous mes frères, dans un temps de persécution, hélas ! Mais les femmes courent devant nous dans les sentiers du Seigneur... Descendez au bas de la montagne ; que ta pieuse compagne se présente chez ma fille Anne, supérieure du couvent que vous trouverez là : le précieux dépôt sera en sûreté chez elle... Je rentre dans ma solitude et y prierai pour vous...

Une demi-heure après, Sévéra était en présence d'Anne. Celle-ci, en manteau de laine noire, la tête couverte d'un capuchon blanc, fermé au cou par un bouton en os, reçut la noble visiteuse dans le jardin du couvent et la conduisit dans la chapelle, dont la coupole écaillée d'or brillait au milieu des platanes et des arbres de Judée. Comme le *catholicon* des moines, cette chapelle n'était qu'une fresque d'un bout à l'autre.

La voûte de la nef était formée de caissons dorés stalactiformes; les bas-côtés avaient des toits en pan incliné, où les poutres faisaient saillie; des colonnes corinthiennes servaient d'appui aux parois de la nef où se déroulaient des mosaïques d'or, et sur cet or, au fond de l'abside, on voyait unx grand Christ, à la noble tête, à l'œil fixe et doux, aux grands cheveux descendant en ondes noires sur les épaules, un livre dans une main, l'autre levée pour bénir. Dans les bas-côtés, c'étaient les patriarches, les prophètes, les Pères, les vierges saintes; et entre les fenêtres, des anges nimbés en robe blanche, et au-dessous des fleurs, symboles des vertus monastiques. Des lampes d'argent brûlaient devant l'iconostase.

— J'accepte le dépôt, dit la supérieure à Sévéra; il sera entouré ici de tout l'honneur et de toute la vénération qui lui sont dus... Seulement je prévois des jours mauvais, et je me permettrai de faire plus. Je t'offre à toi-même, noble dame, et à ta fille un abri ici, si jamais le malheur et la persécution venaient à s'abattre sur vous. Tu me feras plaisir en profitant de notre hospitalité.

La patricia, émue jusqu'au fond du cœur, accepta et alla rejoindre Théophane ; ils se rembarquèrent aussitôt.

Quand, après l'office, le procureur Sergius, inquiet de ne point y avoir vu son ami, courut à sa cellule, la cellule était vide. Syncletus avait disparu.

VIII

TRAGÉDIE ET COMÉDIE

Pendant tout le mois qui avait suivi les scènes violentes de l'Hippodrome et pendant qu'on faisait au cirque les réparations nécessitées par la révolte de la faction verte, le Basileus était resté sombre et silencieux. Chacun tremblait. On savait bien que ce n'étaient point les nouvelles incursions des Bulgares parfois vaincus, jamais soumis, ou les ravages du littoral des îles asiatiques par les Sarrasins qui amoncelaient les nuages sur son auguste front; on se disait qu'il méditait de terribles représailles. Sur qui devaient tomber les vengeances impériales?

Était-ce sur les Verts? Était-ce sur les iconolâtres? Mais à Byzance on n'en trouvait plus; ils avaient disparu de la ville et des environs : les maisons avaient été tant de fois fouillées par les *époptes!* Qu'aurait-on pu trouver encore?

Ces époptes étaient la terreur de la population byzantine. Dans le principe on appelait ainsi ceux qui étaient arrivés au suprême degré de l'initiation dans les mystères de Cérès; ils connaissaient tous les secrets; de là leur nom. On donna ensuite ce titre à des fonctionnaires, des collecteurs d'impôts chargés de faire les recensements, de vérifier l'état des fortunes et des maisons des citoyens. On étendit leurs attributions, et ils devinrent des agents de la police de sûreté, des inspecteurs ou *curieux*. Le patrice Calliste était dans les meilleurs termes avec les époptes; c'est pour cela qu'il pouvait rendre service à des brasseurs d'affaires peu scrupuleux et partager avec eux d'honnêtes bénéfices. Disons mieux : c'était lui-même une sorte d'épopte, et son fils Syncletus l'était aussi.

Donc César réfléchissait au fond de son riche cabinet de travail, dont les fenêtres ouvraient sur le Bosphore; César attendait, comme l'aigle perché sur son aire attend sa proie.

Un soir, le chef des eunuques Spondyle introduit le spathaire en présence de Constantin. Celui-ci daigne lever les yeux et laisse échapper une sourde exclamation :

— Ah! enfin !

— Autocrator, dit le jeune officier, je trouverai enfin grâce devant tes illustres yeux. Je tiens les traîtres.

— J'en connais un surtout, gronde l'empereur.

— Autocrator, il y en a plus d'un. Tu vas en juger.

— Ah! parle! je serai sans pitié pour ceux qui osent me braver.

— Voici : j'ai vu, de mes yeux vu, pendant mon séjour là-bas, l'abbé qui recevait des visiteurs venus, à n'en pas douter, de Byzance... Un homme et une femme... la femme était richement vêtue et doit appartenir à la cour; l'homme portait le costume des officiers de la flotte...

— Les noms! les noms!

— Que Ta Hauteur ne se fâche pas! Les noms, je n'ai pu les connaître : j'étais trop loin d'eux pour voir leurs visages et si je m'étais approché, tout était perdu. Du reste, les moines m'entouraient à ce moment-là; force m'a été de les suivre; ils se rendaient à l'église.

— Et tu appelles cela de l'habileté, de l'adresse? misérable!

— Patience! autocrator! je trouverai les noms,

je te le promets. Mais je n'ai pas terminé. Les visiteurs apportaient quelque chose à Étienne ; l'officier tenait avec soin un paquet enveloppé ; quand il a voulu montrer l'objet à l'abbé et qu'il l'a découvert... j'ai découvert, moi, que c'était...

— Une image ! une peinture ! cria Constantin.

— Oui, une image ! oui, une peinture ! Autocrator, il y a peut-être des traîtres dans ton palais... Maintenant, j'en suis sûr, et il ne sera pas difficile de les démasquer.

— Puisses-tu dire vrai ! Toutefois, je te le répète, réussis, ou sans cela, toi-même...

Syncletus sortit. Il s'applaudissait intérieurement du succès de sa mission. Il avait failli se trahir. Était-ce possible ? Il se le demandait, presque honteux. Mais non ! bon sang ne peut mentir ! et dans ses veines coulait le sang de Calliste. De l'adresse ! de l'habileté ! de la ruse ! César pouvait être tranquille, son bon serviteur en avait de reste. La vue de son rival l'avait affolé, il était redevenu lui-même alors, et il avait juré de lutter et de vaincre. Il allait combattre pour son maître, le glorieux empereur, mais aussi pour lui-même et dans son propre intérêt; seulement cet intérêt lui commandait de garder le silence sur le nom de la patricia et sur celui de Théophano, au risque d'affronter la colère impériale. Il n'avait donc nommé personne, se réservant de forcer Sévéra à lui donner sa fille en la menaçant d'une dénonciation; il n'avait même pas nommé Théophano, ce qui eût pu faire reconnaître la patricia. On verrait plus tard.

Le spathaire s'en allait conter ses nouvelles aventures à son père. En passant par le forum Augustéon, il vit un grand mouvement autour du Milliaire. Il s'approcha. Un héraut d'armes, monté sur la base d'une colonne, lisait un papier devant la foule. C'était le nouvel édit impérial contre les images des saints, ordonnant des perquisitions, promettant des récompenses aux délateurs et annonçant la constitution d'un tribunal spécial chargé de juger et de punir les iconolâtres.

Aussitôt après le départ du spathaire, l'empereur furieux avait saisi l'édit tout préparé et l'avait livré aux crieurs publics. Il n'avait pas perdu de temps.

Le lendemain, Constantin décide d'aller lui-même présider le tribunal qu'il a fait dresser dans la basilique de Saint-Mammas. Cette église, voisine du palais de l'*Hebdomon*, bâtie par Constantin le Grand, est située à l'extrémité nord du triangle de la cité. Pour y arriver, le chemin est long, et toute la pompe du cérémonial va être déployée.

Le grand cubiculaire transmet les ordres pour le cortège aux commandants des gardes du corps et aux deux démarques des Bleus et des Verts réunis dans l'antichambre, et ces deux derniers ordonnent à leurs hérauts d'avertir le peuple. Les hérauts parcourent la cité et prescrivent d'arroser les rues d'eau de senteur et de les parsemer de feuilles de lauriers et de fleurs ; on devra aussi tendre devant la façade des maisons de grands tapis ornés de figures d'hommes et d'animaux, et on apportera aux fenêtres et sur les terrasses tout ce qu'on a de précieux : les vases d'or et d'argent, les candélabres, les cassolettes et les trépieds.

Cependant la procession s'organise ; les corporations forment une double haie à travers les rues. Les factions sont là, les hommes, vêtus de robes de laine noire, coiffés de bonnets de feutre coniques, la figure glabre, les cheveux rasés, le petit bouclier et la lance courte à la main. Ces éternels adversaires auraient peut-être encore bonne envie de s'entre-déchirer ; mais, pour le moment, il ne s'agit pas de cela : ce passe-temps est défendu ; on se prépare seulement à acclamer celui qui va là-bas à Saint-Mammas. Pourquoi faire ? — Tout le monde sent que c'est pour jouer la tragédie.

L'empereur paraît à la porte de Chalcé ; il est vêtu du dibetesium et de la chlamyde de pourpre ; il a la couronne en tête, le glaive au côté, et il monte un cheval arabe dont la housse dorée étincelle de pierreries et dont les jambes et la queue sont ornées de bandelettes. Le protostrator et le comte de l'étable (connétable) sont à sa droite et à sa gauche ; suivent à cheval les patrices, les sénateurs, les maîtres, les stratèges, en manteaux de soie et en bonnets brochés d'or.

Les Barbares que nous avons déjà vus forment l'escorte ; ils sont armés de cimeterres et de haches à deux tranchants entre lesquelles brille une pointe d'acier ; sur leur casque d'argent, on voit le dragon à la gueule entr'ouverte ; sur leur casaque rouge, flotte un manteau à longues soies imitant la peau d'ours, et leurs jambes nues sont couvertes d'un réseau de cordes qui partent des sandales pour s'agrafer au genou avec une pièce d'or, à l'effigie du souverain. Derrière viennent les spathaires, les spatharocandidats et protospathaires, vêtus du scaramangion vert ou rose, coiffés de la mitre, des colliers d'or au cou, la large épée à la main.. Devant le cortège, des coureurs portent des palmes ; des gardes frappent la foule à coups de fouet pour déblayer le terrain.

Quand on rencontre une église, l'empereur s'incline avec toute sa suite. Mais le voici au milieu de la haie formée par la faction bleue ; le maître des cérémonies amène à Constantin le démarque de celle-ci, qui se prosterne, baise les pieds du monarque et lui présente, suivant la coutume, un poëme de circonstance. L'empereur le remet au grand cubiculaire, pendant que les crieurs bleus entonnent l'acclamation :

— Longs jours au serviteur de Dieu ; sa gloire est la joie du monde !

Le cortège poursuit sa route et arrive au milieu des Verts, qui crient trois tons plus bas que les Bleus :

— Dieu te conserve longtemps, Seigneur, pour la gloire de la pourpre impériale !

Enfin le peuple en masse acclame aussi son maître à trois reprises différentes.

C'est un dieu qui passe, ce sont ses adorateurs qui prient... Va, va, Constantin Copronyme, va souiller la basilique byzantine du sang des saints et des martyrs ; tu peux le faire en toute sécurité : tu es le maître de toute la terre habitée, et ce peuple qui t'entoure, peuple frivole, léger, gâté, fait pour l'esclavage, est digne de toi... !

Le Basileus arrive dans la grande salle de Saint-Mammus. C'est une vaste pièce carrée où trois grandes portes donnent accès. Intérieurement, les murs sont revêtus de marbre jusqu'à hauteur d'appui ; au-dessus brillent des mosaïques d'un goût fort élégant ; le plafond, peint et doré, est supporté par quatre hautes colonnes en pierre dure, surmontées de chapiteaux en marbre de Paros ; la salle est éclairée par une double rangée de hautes fenêtres et se termine à une des extrémités par une abside ou hémicycle où l'on dresse le tribunal.

... Maintenant Constantin siège, et il a donné ordre qu'on introduise les accusés. On en amène une vingtaine, presque tous des gens du peuple. Au milieu d'eux est une femme et, dans cette femme, nous reconnaissons Anastaso, la vieille nourrice du drongaire Théophane.

Qu'était-il donc arrivé?

L'esclave Andronic, qui avait surpris Anastaso au moment où elle vérifiait le contenu de la cassette renfermant la copie de l'image d'Édesse, s'était empressé d'aller dénoncer la pauvre femme, après avoir lu l'édit de persécution offrant une bonne récompense. Les époptes étaient venus dans la maison du grand drongaire, avaient fouillé partout et mis enfin la main sur un cadre précieux, caché dans un réduit obscur. Ils avaient saisi le cadre et demandé où se trouvait l'image qu'il avait contenue. Andronic affirmait qu'il avait vu l'image entre les mains de la tithé. Celle-ci se refusait à répondre. La flotte était mouillée dans le port, et Zonaras venait souvent chez lui; il s'y trouvait précisément au moment des perquisitions; il interrogea lui-même la nourrice et, la trouvant inflexible, il la livra aux époptes comme rebelle aux ordres du divin empereur.

Constantin est fort contre une faible femme; il l'interroge avidement :

— Comment t'appelles-tu?

— Anastaso, grand Autocrator!

— Que fais-tu?

— Je suis au service du grand drongaire Zonaras, et j'ai nourri son fils de mon lait.

— Zonaras est un fidèle serviteur; je regrette que son nom soit mêlé à tout ceci; mais toi, femme, on dit que tu vénères les images et que tu méprises les édits de l'empereur !

— Que Ta Sublime Magnificence pardonne à une pauvre créature comme moi; je respecte profondément Ta Majesté, mais je respecte encore Dieu davantage et j'adore mon Seigneur Jésus-Christ, son divin Fils.

— Ceci est bien; mais on ne doit pas adorer ses images, ce qui est une idolâtrie.

A ces mots, la pauvre servante fait le signe de la croix sur son front, sa bouche et sa poitrine, pour implorer le secours d'en haut. Elle sent bientôt, en effet, la grâce qui descend sur elle; l'Esprit de Dieu parle par sa bouche et elle s'écrie héroïquement :

— Autocrator! tu ne peux m'empêcher de tracer sur moi l'image de la croix de mon Sauveur et de la saluer comme ma seule espérance. Que veux-tu que nous fassions si nous n'avons pas cet appui, nous, les misérables et les petits?

— Vous les petits et les misérables, vous devez obéir, entends-tu?

La vieille Anastaso s'encourage et reprend hardiment, avec l'audace des martyrs :

— Autocrator! pourquoi donc, tandis qu'on punit ceux qui outragent les images des empereurs, ordonnes-tu d'outrager celles de Jésus-Christ, qui est plus grand que l'empereur? Penses-tu qu'il sera moins irrité contre ces profanations sacrilèges?

— Eh bien! reprend Constantin, puisque, de ton aveu, ceux qui manquent de respect au portrait de l'empereur méritent un châtiment, que ne mérites-tu pas, pour manquer de respect à l'empereur lui-même?

Aussitôt, le Basileus fait dépouiller la pauvre Anastaso et la livre aux verges. Son corps frémit sous les coups et, ce qui devient étrange, c'est que les assistants, des soldats, des gens du peuple, de ce peuple dont l'héroïque vieille femme avait défendu les droits, tous deviennent autant de bourreaux, et c'est à qui frappera à coups de bâton, à coups de pierre, à coups d'épée.

Mais le Basileus la retire un moment des mains de ces forcenés.

— Anastaso, m'entends-tu?

— Oui, Autocrator.

— Où est l'image que contenait le cadre trouvé chez toi?

La tithé reste muette.

— Vieille mère, continue le monstre, tu as un fils, un officier de la flotte impériale, un beau jeune homme qui est ta gloire et ta consolation ; tu l'aimes et il t'aime... Peut-être ne le verras-tu plus jamais, jamais, ton fils...! Ne t'entête pas! Parle ; c'est le Basileus qui te le demande.

Même silence.

— Vieille mère, peut-être ton fils, lui aussi, sera soupçonné et traîné ici, à ce tribunal, pour être déchiré par les verges... ; on lui crèvera les yeux, à ton enfant chéri..., on lui coupera les membres...

La tithé pleurait...

— Tu ne veux pas parler?

— Non, Autocrator. Que Dieu te pardonne !

— Allez! cria Constantin aux bourreaux.

Les bourreaux prirent de fortes semelles de cuir et brisèrent les mâchoires de la nourrice martyre. Puis ils la flagellèrent de nouveau ; enfin, lui attachant les pieds avec une corde, ils la traînèrent dehors, à travers les rues, vers une place voisine, qui était le lieu des dernières exécutions. Le peuple suivait en la huant, quand, en passant devant l'étal d'un marchand de poissons, celui-ci, pris d'un mouvement de férocité, saisit un couteau de boucher et coupa le pied de la martyre, qui expira sur l'heure.

Telle fut la première victime de cette persécution de Constantin l'Iconoclaste, qui valait Néron ou Dioclétien et qui n'avait pas l'excuse d'être païen comme eux. Hélas! ce crime devait être suivi de tant d'autres !

... Le lendemain, le Basileus assembla le peuple dans l'Hippodrome pour jouer cette fois la comédie; il aimait à varier ses plaisirs. Du haut de la tribune du cathisma, il cria :

— Non! je ne puis plus vivre avec les ennemis de Dieu qu'on ne nomme point!

— Autocrator, répondit le démarque des Bleus, il ne reste à Byzance aucune trace de leur habit.

— Je vous dis, repartit Constantin en colère, que je ne puis souffrir leurs insultes. Ils n'ont pas besoin d'être en cette ville pour m'injurier...

Savez-vous ce qu'ils ont fait? Ils ont séduit tous les miens, jusqu'à Georges Syncletus, qu'ils ont arraché d'auprès de moi, pour le faire moine! Mais, mettons en Dieu notre confiance, il ordonnera qu'il reparaisse bientôt. Prions-le pour cela!

Quelques instants après, on entendit un grand bruit derrière le trône impérial; les soldats de la garde criaient :

— Le voilà! le voilà!

— Qui? dit l'empereur.

— Syncletus! le spathaire!

La foule s'étouffait dans l'arène et sur les gradins pour contempler ce nouveau spectacle. On vit paraître bientôt Syncletus en habit de moine; il vint rouler aux pieds de Copronyme, qui le releva en l'embrassant, et l'empereur criait :

— Je vous l'avais bien dit! Dieu a exaucé mes prières; il m'a fait retrouver celui que je cherchais.

Le peuple répondit :

— Malheur au méchant! qu'il meure! qu'il meure!

Et les Verts mêlaient leurs anathèmes à ceux des Bleus dans une touchante confraternité de vues et de sentiments. Ils avaient déjà oublié qu'ils venaient, un peu auparavant, de défendre, au moins en apparence, le saint abbé du mont Auxence.

L'empereur fit dépouiller Syncletus de sa robe de moine, qu'on jeta au milieu du peuple et qui fut immédiatement foulée aux pieds. Puis, pour achever cette farce impériale, quatre hommes étendirent l'imposteur par terre et, l'ayant déshabillé complètement, lui jetèrent des seaux d'eau sur le corps, comme pour le purifier. Enfin, on le revêtit de l'habit militaire, et son digne maître lui mit le baudrier et le ceignit de l'épée, en l'élevant à la dignité de protospathaire ; après quoi il rentra dans le palais sacré.

Mais une chose le tourmentait ; il lui fallait trouver cette image dont lui avait parlé son espion, et qui devait être la preuve de la culpabilité d'Étienne. Constantin envoya donc Calliste à Saint-Auxence. Une fois de plus, le patrice échoua devant la constance de l'abbé et l'héroïsme des religieux; il ne put rien trouver. Le monastère d'Anne, contre lequel, du reste, le patrice n'avait point d'ordre, échappa par hasard aux regards de sa troupe, caché qu'il était par un pli de terrain. L'heure sanglante n'avait point encore sonné pour les pieuses épouses du Christ.

Ce fut au milieu de ces graves événements que la patricia Sévéra se prépara à aller reprendre son service au Palais. L'écho de tant de cruautés était arrivé jusqu'à la villa et avait attristé les derniers beaux jours de liberté. Paul accompagnait souvent Théophane chez Sévéra. Le jeune pilote faisait mal à voir depuis la mort violente de la pauvre tithé. On lui avait prodigué les consolations et les témoignages d'affection. Lui, versait des larmes amères à la pensée qu'il avait été prévenu trop tard de l'arrestation d'Anastaso; sans cela, il ne l'eût jamais abandonnée; il se serait attaché à elle et l'eût accompagnée devant l'empereur pour la défendre.

Quand il connut l'horrible supplice, il voulut aller se dénoncer lui-même, et puis, il avait cédé aux prières de ses amis, que cette démarche eût pu compromettre, et surtout à la pensée de leur être utile peut-être plus tard. Il avait aussi couru près d'Étienne pour lui demander conseil :

— Fils de martyre, lui avait dit l'abbé, je baise ton front illuminé par les rayons qui tombent de l'auréole de ta mère. Patience et courage ! Dieu veut que tu restes à ton poste de combat. Soldat ! tu m'as compris !...

IX

AGIA SOPHIA

La persécution avait sévi avec fureur; elle fut interrompue par la nouvelle d'une levée de boucliers des Bulgares. Les forces envoyées contre eux sous le commandement du général Eulogios étaient insuffisantes. L'empereur résolut de partir lui-même, avec ses meilleures troupes. Il est curieux de lire, dans les auteurs du temps, les longs détails qu'ils donnent sur le train et les bagages d'une armée byzantine en campagne. Quand l'empereur commandait en personne, il traînait avec lui toute sa maison militaire, avec des *impedimenta* nombreux, qui pouvaient rehausser l'éclat de sa couronne en cas de triomphe, mais qui devaient devenir un terrible embarras, si la fortune lui était contraire.

Il serait trop long de suivre Constantin loin du principal théâtre du drame que nous avons entrepris de raconter; nous dirons seulement qu'il mobilisa son armée de terre et de mer : la première prit immédiatement la route du nord ; la seconde remonta le Pont-Euxin. Le Basileus, cette fois, avait voulu accompagner celle-ci ; il était monté à bord du vaisseau amiral.

La flotte lève l'ancre ; c'est un spectacle unique au monde. On doit en lire la description dans un auteur qui, mieux que tous, a reconstitué le monde byzantin (1). « Un magique lever de soleil éclaire la Corne d'Or et tout cet admirable espace de mer d'un bleu profond qui s'étend entre Stamboul et les hautes collines de Péra d'une part, et de l'autre les pentes de Chrysopolis et de Chalcédoine. Imaginez cet immense espace tout encombré par des milliers de navires aux flancs peints des plus vives couleurs, aux voiles éclatantes teintes de cent nuances diverses, aux proues dorées, aux rames innombrables, aux bannières gigantesques, aux banderolles de toutes formes. » Et c'est un malheur que la persécution sévisse contre les images, sans cela les grands étendards offriraient aux yeux ravis les saintes effigies de la Vierge Toute Sainte, du Christ Pantocrator et des grands saints militaires, saint Isidore Tyron,

(1) Gustave Schlumberger, *Nicéphore Phocas*.

saint Théodore Stratilate, saint Georges, saint Démétrius. Mais est-ce que partout et toujours la folie et l'intolérance en matière de religion n'ont pas privé le peuple des spectacles et des pompes qu'il aime instinctivement ?

« Sur le pont des chélandies et des dromons étincellent et reluisent au soleil les cuirasses cataphractes, les haches, les cottes de mailles, les boucliers ronds de métal poli. A côté des costumes éclatants on voit les peaux de bêtes des Barbares. Les mille voix des drongaires ordonnant la manœuvre se mêlent aux voix des turmarques, des topotérètes, des centarques, présidant à l'embarquement des troupes. Des centaines de canots et de caïques bleu et vermillon s'entrecroisent et volent d'un navire à l'autre, chargés d'oisifs, vêtus des habits de soie brochés d'or et d'argent de la noblesse byzantine.

« Sur les deux rives, des palais, des villas, des églises sans nombre, des terrasses ombragées de grands arbres. Les hautes tours carrées de l'enceinte et les longues lignes de murailles crénelées disparaissent sous un peuple de curieux, encombrant aussi les jardins environnants, éparpillés au milieu de la luxuriante verdure.

« La cour s'est massée à la Pointe du sérail actuelle; elle est splendide, innombrable. Dans le port du Boucoléon, ce sont des quais de marbre, des escaliers somptueux couverts de colonnes, et des groupes bariolés les montent et les descendent. Sur une estrade improvisée, on voit le patriarche Constantin, le haut clergé, les membres du Saint Synode, le Sénat et les dignitaires coiffés du bonnet de brocart d'or. Derrière les hauts grillages des jardins du Palais s'étendent les mystérieuses profondeurs de l'immense gynécée remplies de spectatrices, au milieu desquelles trône la radieuse Basilissa, entourée des zostæ, des spatharissæ, des stratorissæ et des hypathissæ, — ces deux dernières classes comprenant les femmes des écuyers et des personnages consulaires. » Irène est venue assister au départ de son impérial époux.

Tout à coup éclate une musique guerrière, sauvage, étrange. C'est le son rauque et terrifiant des trompes et des *naquaires*, c'est le hurlement cadencé des cymbales, le roulement bref et précipité des tambours. On entend aussi les chants de guerre, les vivats des factions, les acclamations officielles toujours bizarrement réglées, les voix grêles des clercs qui entonnent l'hymne à la Vierge Hodigitria, l'Invincible Mère, celle qui conduit à la victoire.

Puis un grand silence s'établit et le patriarche Constantin bénit la flotte. Le Basileus donne le signal ; une immense et pieuse acclamation y répond, le long des rives d'Europe et d'Asie et la foule des navires s'ébranle sur la route du Pont-Euxin. Elle longe bientôt à gauche les côtes du thème de Thrace et, passant devant les ports bulgares d'Achelous et de Messembria, elle arrive devant Barna (Varna).

Ces Bulgares n'étaient pas des ennemis à dédaigner, pas plus que les Petchenègues et les Khazars établis sur les rivages du Pont-Euxin. Les derniers, il est vrai, étaient des alliés. On appelait les autres les *amis Bulgares;* on traitait leurs ambassadeurs avec égards ; on reconnaissait à leurs czars le titre d'empereur ; le cérémonial de la cour byzantine leur prodiguait les marques de respect. Ce n'étaient pourtant que des sauvages, ces ancêtres des Moscovites, — pères ou fils, les éternels ennemis de Constantinople.

Vainqueurs ou vaincus dans une guerre incessante, ils étaient forts. Cette fois, ils infligèrent une leçon au Copronyme, qui, après le débarquement, s'était engagé sur les pentes méridionales du Rhodope et dut revenir assez vite dans sa capitale, sans armes ni bagages. Il avait laissé l'armée de terre sous les ordres d'Eulogios et la flotte en observation devant Barna. Théophane était naturellement parti à son bord ; Paul était resté, avec le commandement d'un petit dromon ; l'amiral Zonaras lui ayant obtenu cet avancement, comme pour le dédommager d'avoir livré sa mère aux persécuteurs.

La colère de Constantin allait grandissant. Pour un peu, il eût crié lui aussi comme Julien l'Apostat : « Tu as vaincu, Galiléen ! » Alors, ses amis comme ses ennemis furent en butte aux soupçons et aux persécutions les plus odieuses. L'empereur avait ordonné à tous ses sujets, sans exception, de faire serment entre les mains des magistrats de ne rendre jamais aucun culte aux images. Le patriarche Constantin donna l'exemple. Il monta dans la tribune de

Sainte-Sophie et, tenant une croix entre ses mains, il jura qu'il n'avait jamais révéré les figures faites de la main des hommes et qu'il ne leur rendrait dans la suite aucun hommage. Pour le récompenser de son obéissance, le Basileus lui avait mis sur la tête une couronne de fleurs et l'avait invité à dîner au Palais, au grand scandale de toute la ville, car un patriarche était tenu à l'abstinence.

Ces honneurs furent bientôt suivis d'une éclatante disgrâce. L'empereur voyait des ennemis partout. Il accusa plusieurs fonctionnaires d'avoir conspiré contre lui,—leur véritable crime était d'être attachés à la sainte doctrine,— d'avoir entretenu des relations avec Étienne d'Auxence et d'avoir loué son courage. Le patriarche Constantin avait reçu quelques-uns de ces officiers; il n'en fallait pas tant pour être soupçonné et dénoncé par les époptes. Malgré les dénégations du chef de l'Église byzantine, on mit les scellés sur la porte de son palais et, après l'avoir déposé, on le relégua dans l'île des Princes, près de Chrysopolis.

L'empereur nomma patriarche l'eunuque esclave Nicetas, sans observer aucune forme canonique. Le premier soin du nouveau prélat fut de détruire les magnifiques mosaïques du petit *secretum* de l'église patriarcale, d'enlever les bas-reliefs en bois et en cire dans le grand *secretum* et de recouvrir les tableaux. Pendant ce temps-là, on arrachait du sanctuaire les reliques des saints et on les jetait dans les égouts ou les rivières ou bien on les faisait brûler avec des ossements d'animaux afin qu'on ne pût en démêler les cendres. Les restes de sainte Euphémie, martyre, étaient le principal trésor de la ville de Chalcédoine ; l'empereur fit jeter la châsse dans la mer et changer l'église de la sainte, partie en arsenal, partie en dépôt d'ordures. Mais, par un prodige admirable, la châsse fut portée sur les eaux vers l'île de Lemnos et recueillie par les habitants.

Le Basileus s'acharnait contre ses victimes ; il finit par faire transporter à Constantinople le patriarche déposé et après lui avoir donné tant de coups de bâton qu'il ne pouvait plus se tenir droit sur ses pieds, il ordonna qu'on le mît dans une litière et qu'on l'amenât à Sainte-Sophie pour y subir la honte de la dégradation et il voulut y assister en personne.

Voici dans quel cérémonial l'empereur se rendait à Sainte-Sophie :

Les préposés et les diétaires prennent dans le Chrysotriclinium les costumes impériaux avec les coffres et les écrins qui renferment les couronnes ; les spathaires enlèvent les armes, les boucliers et les lances de l'empereur. Les préposés portent le costume dans le salon octogone de Daphné, devant l'église Saint-Étienne ; les spathaires avec les armes se tiennent dans l'*Onopodion*. Alors l'empereur sort de la chambre sacrée, revêtu du scaramangion et prend le sagion, tunique de dessus, plus courte et brodée d'or. Les gardes, le logothète, le *canicleios*, portant le vase d'encre rouge pour signer les décrets, le proto secrétaire et le proto notaire lui font cortège.

Le Basileus s'avance. Il entre pour prier dans le *naos* de la Mère de Dieu et dans l'oratoire de la Sainte-Trinité, puis il traverse le triclinium de l'*Augustéos*, où il trouve différents fonctionnaires, et il pénètre avec les cubiculaires dans le salon octogone, où est déposé le costume d'apparat. Il entre à Saint-Étienne avec les préposés ; il se prosterne devant la croix très belle et très vénérée de Constantin ; ceci fait, il va dans le coîton de Daphné pour se reposer. Un des officiers du patriarche Nicetas lui apporte le programme de la triste cérémonie qui va avoir lieu à Sainte-Sophie. L'empereur rentre dans l'octogone, où les valets le revêtent d'une brillante chlamyde ; le préposé lui pose la couronne sur la tête, et Constantin traverse le triclinium de l'Augustéos, en s'arrêtant sous le portique (1).

Cette marche est splendidement conçue d'après les grandes traditions orientales ; on n'agissait pas autrement autrefois, à Suse, à Persépolis, à Ecbatane. A un signe de tête de l'empereur, le préposé avertit l'ostiaire qui tient une verge d'or et celui-ci amène aussitôt les maîtres, les patrices, les généraux et d'autres dignitaires, qui saluent le souverain. Celui-ci, suivi de tous, s'avance dans l'Onopodion, jusqu'au grand *Consistorion*, où l'on a porté la verge de Moïse et la croix de Constantin Ier, puis il passe dans les salles des gardes, les triclinia des candidats et des excubiteurs et dans le tribunal des Lychnos.

Dans l'abside, il reçoit le chef de la faction des

---

(1) D'après le *Livre du Cérémonial de la Cour byzantine*, par l'empereur Constantin Porphyrogénète.

Bleus; il passe dans le triclinium des gardes scholaires et fait sa prière dans le vestibule des Saints Apôtres. Ah! il priait, ce prince! Suivant scrupuleusement le cérémonial, il priait souvent! Et après tant de siècles devant le jugement et les enseignements de l'histoire, nous pouvons nous demander ce qu'il osait dire à Dieu!...

Il reçoit là le chef de la faction des Verts. Troisième réception dans l'intérieur de la Chalcé, sous la grande coupole, près de la porte de bronze : ce sont les médecins qu'on lui présente ici. Quatrième réception de fonctionnaires divers en dehors des grilles de la Chalcé. Cinquième, devant la grande porte par laquelle on entre dans l'Augustéon. De là, le Basileus va à Sainte-Sophie, où il entre par l'*Horologion.*

Qu'était-ce donc que cette *Agia Sophia*, dont il est si souvent parlé dans l'histoire de Byzance, qui a subsisté, que nous voyons encore, de nos jours, au milieu de la ville fameuse, et qui semble destinée à d'autres fêtes, à d'autres monarques, à d'autres couronnes?

Après avoir agrandi l'enceinte de Constantinople,

le fondateur, dans la vingtième année de son règne, fit édifier, en face du palais, une basilique qu'il dédia à la sagesse divine, *Agia Sophia*, Sainte-Sophie. Ell fut incendiée sous les règnes d'Arcadius et de Théodose et reconstruite par Justinien avec des voûtes à l'abri du feu. C'était le plus bel édifice de l'univers ; on y avait prodigué les matériaux précieux et employé les meilleurs ouvriers. Anthémius de Tralles et Isidore de Milet, les plus célèbres architectes du temps, dirigèrent les travaux de Sainte-Sophie qu'on appelait la *Grande Église*.

En avant du temple était l'atrium, cour rectangulaire, entourée de trois côtés par des portiques et du côté de l'église par un premier vestibule : l'*exonarthex*, dans lequel on pénétrait par trois portes. Les portiques étaient supportés par des colonnes de marbre et des piliers carrés de briques, surmontés d'arceaux. Les portiques intérieurs étaient voûtés en berceaux. Au centre de l'atrium se trouvait un vaste bassin de marbre précieux, où l'eau se renouvelait sans cesse.

De l'*exonarthex* on pénétrait dans le deuxième vestibule voûté en berceau, le *narthex*. Ces deux vestibules s'étendaient sur toute la largeur de l'église, dans laquelle on entrait par neuf portes, dont trois devaient aller à la nef et trois à chacun des bas-côtés. Donc, un rectangle de 77 mètres de long sur 71 de large ; une partie centrale et deux parties latérales.

Au centre de l'édifice s'élève une coupole de 31 mètres de diamètre inscrite dans un carré ; elle s'appuie sur quatre grands arcs, d'une ouverture égale à un décamètre, lesquels reposent sur quatre gros piliers. D'immenses encorbellements triangulaires qui ont reçu le nom de pendentifs se projettent dans le vide, remplissent l'espace entre les grands arcs et viennent saisir la coupole. Sur les deux arcs perpendiculaires à la nef s'appuient deux demi-coupoles à l'orient et à l'occident, donnant à l'église une forme ovoïde. Au nord et au midi, les grands arcs sont fermés par un mur soutenu par des colonnades.

Trois absides sous la demi-coupole orientale ; l'abside principale se termine par la voûte caractéristique en cul-de-four. Les parties latérales, ou bas-côtés, sont divisées en deux étages: les *catéchuménies*; l'étage supérieur est le gynécée, destiné aux femmes (1).

Il y a cent colonnes de porphyre ou de marbre précieux à l'intérieur.

Quarante fenêtres sont pratiquées à la base de la grande coupole, qui semble suspendue dans les airs ; d'autres fenêtres encore sont ouvertes dans l'édifice ; les murs sont revêtus de marbres précieux, les voûtes de mosaïques aux brillantes couleurs.

Dans la partie circulaire, au-dessous de la grande coupole (le *naos*), entre le point milieu de l'édifice et l'hémicycle oriental (la *solea*), s'élevait l'*ambon* en marbre rare, enrichi de pierres précieuses et d'ornements en or émaillé (2). Cette tribune, assez vaste pour qu'on pût y faire le sacre des empereurs, avait été couronnée par un dôme revêtu de plaques d'or rehaussées de pierreries. Une grande croix ornée de rubis et de perles rondes complétait la décoration. Mais à l'époque où nous parlons, cette construction était moins riche ; elle avait été écrasée sous les décombres de la grande coupole, à la suite d'un tremblement de terre, la 32ᵉ année de Justinien, et

(1) Ducange, *Constant. Christ.*
(2) Codinus.

refaite en marbre avec des ornements d'argent.

Après avoir traversé la *solea*, on arrivait à l'entrée de l'abside principale, renfermant le sanctuaire ou *bema*. C'est dans ce lieu saint, dont l'accès n'était permis qu'aux prêtres et à l'empereur, que l'orfèvrerie déployait toute sa magnificence.

Le *bema* était séparé de la *solea* par une barrière composée d'un soubassement qui portait douze colonnes surmontées d'une architrave; le tout était d'argent. Dans les médaillons elliptiques creusés sur les colonnes on voyait, avant la sacrilège entreprise de Nicétas, les images du Christ, de la Vierge et celles d'une foule d'anges inclinant la tête, des apôtres et des prophètes. Sur le soubassement, le monogramme de Justinien, de Théodora, et des boucliers orbiculaires avec l'image de la croix.

Trois portes ouvraient dans cette balustrade.

L'autel, auquel on montait par quelques degrés revêtus d'or, s'élevait au milieu du *bema*; le dessous n'était pas plein. La sainte table, dont la surface était tout en or et enrichie de pierres fines et émaux, reposait sur des colonnes d'or ornées de pierreries et le sol sur lequel les colonnes s'appuyaient était également recouvert de même métal. Un magnifique *ciborium* s'étendait au-dessus de l'autel et de ses degrés. Quatre colonnes d'argent doré, d'une grande élévation, portaient quatre arcades, qui soutenaient un dôme à huit pans, de forme triangulaire.

Un cordon noueux ou torsade se déroulait en suivant la courbure des arcades, serpentait à la base des pans et se redressait sur leurs arêtes, jusqu'au faîte. Le dôme était en argent, rehaussé d'ornements niellés ; au sommet, on voyait une coupe aux bords échancrés en forme de fleur de lys, et dans la coupe un globe terrestre ; une grande croix d'or surmontait ce globe, dominant tout. Huit candélabres d'argent à la base du dôme complétaient la décoration (1).

Le Basileus, qui n'entrait jamais dans la Grande Église par l'atrium, du vestibule de la Chalcé, se dirige donc, en traversant le forum, vers cette salle voisine de Sainte-Sophie, qu'on appelle l'Horologion, d'une horloge solaire qui se trouvait là ; il pénètre dans cette salle, et après dans celle du *Puits sacré*, ainsi nommée de la margelle du puits de la Samari-

---

(1) Labarte, *le Palais Impérial*.

taine, qu'on y avait transportée ; il se prosterne de-

Le Patriarche de Constantinople.

vant le puits où Jésus-Christ avait parlé et il entre dans la salle du *Métatorion*, servant à la fois de salon de repos, de vestiaire et de salle à manger.

Après s'être assis un instant, par l'enfilade des salles, il gagne le narthex. Le patriarche Nicétas, l'eunuque, reçoit le Basileus, devant la grande porte de bronze semée de croix d'argent. Représentant le plus élevé de la hiérarchie religieuse à Constantinople, la tiare précieuse étincelle sur ses longs cheveux bouclés ; il a revêtu le vêtement de gala, l'*omophorion* de pourpre à grandes fleurs d'or et de soie, et le pallium de moire d'argent brodé de perles, avec les trois croix noires. Au bas de ses larges manches pagodes et de sa robe pendent des clochettes d'or, comme celles que portait autrefois le grand-prêtre des Juifs.

Autour de Nicétas se pressent un grand nombre de prêtres en dalmatique de brocart. Le personnel de la Grande Église est considérable : on y compte soixante prêtres, cent diacres, quarante diaconesses, quatre-vingt-dix sous-diacres, cent lecteurs, cent portiers et vingt-cinq chantres.

Des enfants des premières familles, vêtus de soie rose, portant des palmes et des encensoirs, marchent en tête du cortège patriarcal ; puis viennent des vierges en voile blanc, des diacres portant des cierges allumés. On a supprimé les longues perches rouges surmontées de séraphins dorés et des images des saints ; mais tout près du Pontife suprême se tiennent plusieurs évêques : l'un d'eux porte une grande croix d'argent, l'autre tient la crosse, sorte de bâton croisé par le haut d'un morceau d'ivoire ; un autre a dans les mains le vase de vermeil où l'on dépose la tiare; il y en a enfin trois qui soutiennent dans une patène le pain eucharistique et le sang du Christ, au milieu d'un calice d'or, et un petit chandelier à trois branches dont les cierges allumés s'unissent par le haut. De temps en temps, le patriarche saisit le chandelier, avec lequel il donne la bénédiction, en formant le signe de la croix.

Les prétoriens candidats en tunique blanche, armés de lances dorées, font la haie ; les bandophores, au bruit des cymbales, élèvent devant le pontife les étendards de soie au monogramme du Christ, surmontés du Dragon rouge. Le peuple est massé entre l'iconostase et le narthex, l'encens fume, l'orgue résonne, et un chœur à quatre parties, où les voix de basse des chantres alternent avec les voix argentines des enfants, fait entendre le trisagion en l'honneur de la Très Sainte Trinité, « le même que les anges chantent au ciel » :

Dieu saint! saint fort! saint immortel! aie pitié de nous!

Mais voici le Basileus. Lui et le patriarche se saluent et s'adorent réciproquement, et tous deux s'avancent avec une lenteur majestueuse vers le fond de l'abside, où s'élèvent leurs trônes. Celui du patriarche est en arrière de l'autel : tout autour sont les sièges des prêtres, le tout en argent doré. — Procope dit que, dans le sanctuaire seulement, il y avait pour quarante mille livres *pesant* d'argent. — Le trône du Basileus est placé dans la partie droite du *bema*.

L'office commence. A certaines paroles du chant sacré, l'empereur change de vêtements et de coiffure; il met souvent le *tropéoukion*, sorte de capuchon; mais le peuple ne l'aperçoit pas, car pendant ces substitutions le souverain est protégé contre les regards par un rideau de fonctionnaires eunuques. Quand il a reçu du patriarche le pain bénit, il lui remet en échange l'*apocombium*, petit sac de soie rempli d'or.

Cependant un frémissement agite cette foule toujours avide de spectacle; on vient en effet d'amener dans la *solea* devant le sanctuaire le malheureux Constantin, l'ex-patriarche. Des candidats le jettent sur les marches, presque la face sur le sol, et par ordre du Basileus, un secrétaire de la cour monte à l'ambon et lit à haute voix un libelle d'accusation : après chaque article qu'il a lu, il descend de la tribune et frappe avec son parchemin le visage du malheureux prélat.

Quand la lecture est achevée, Nicétas, qui, assis sur le trône patriarcal, avait présidé à l'ignominieux traitement de son prédécesseur, reprend le libelle, fait porter l'ex-patriarche sur l'ambon où plusieurs bras le soutiennent debout, pour le montrer au peuple. Alors un des évêques présents monte dans la tribune à son tour et prononce l'anathème; il dépouille Constantin des vêtements épiscopaux, l'apostrophe en termes outrageants et le chasse de l'église, en le faisant marcher à reculons.

C'est fini. Le Basileus, avec la satisfaction du devoir accompli, monte aux catéchuménies par un escalier dérobé et, par un autre, gagne une terrasse couverte qui le ramène au Triclinium de la *Magnaure* et au Palais sacré.

Le lendemain, c'était jour de jeux : on conduisit le misérable prélat à l'Hippodrome ; on lui arracha la barbe, les sourcils et les cheveux, et l'ayant revêtu d'une courte robe de laine sans manches, on lui fit traverser le cirque à rebours, sur un âne conduit par un de ses neveux à qui on avait coupé le nez. Le peuple et les factions l'accablaient d'injures et crachaient sur lui. Quand il fut arrivé à l'extrémité de la *spina*, on le jeta à bas, on le foula aux pieds, on le fit asseoir sur une pierre près de la borne, pour y recevoir, tout le temps des courses, les outrageantes railleries des hénioques, des bigaires et des valets d'écurie, qui passaient devant lui.

Après quoi, on le mit en prison ; mais ce bourreau de Copronyme ne l'oubliait pas. Quelque temps après, il lui envoya deux patrices pour lui demander quel était son avis sur l'orthodoxie de l'empereur et celle du concile. Le malheureux, espérant adoucir ses maux, eut la lâcheté de répondre que l'empereur et son concile étaient dans le vrai! Pour répondre avec dignité au tyran, il fallait avoir l'âme d'un Étienne ou d'une Anastaso.

— C'est un aveu que nous voulions tirer de ta

Ce que devenait un Patriarche.

bouche impie, dirent les patrices. Il ne te reste plus qu'à mourir.

On le ramena à l'Hippodrome et on lui trancha la tête, qui fut attachée au Milliaire par les oreilles et devint la risée du peuple pendant trois jours. Son cadavre fut traîné au *Pelagium*, les gémonies de Byzance.

... Pendant que ces scènes atroces se passaient, un soir la surintendante de la maison de Svéra la prévient qu'un vétéran arrive de l'armée du Nord et demande à l'entretenir sur-le-champ.

— Qu'il entre ! répond la noble dame, saisie tout à coup d'un pressentiment douloureux.

Un vieux soldat, bronzé par les soleils et les batailles, se prosterne à ses pieds.

— Patricia, j'arrive de Strumpitza, entre Philippopolis et le thème Thessalonique ; je suis porteur d'une fatale nouvelle ; ton noble époux a péri, non loin de là, à Belitza, victime d'une ruse de ces maudits Bulgares. A la tête d'un escadron de cavaliers goths, il se disposait à charger, quand l'ennemi s'enfuit dans la montagne. Les nôtres mirent pied à terre pour les poursuivre ; les Bulgares les attirèrent assez loin dans les défilés, puis ils disparurent et on les revit à l'arrière en nombre, montés sur nos chevaux et massacrant tout. Le général Eulogios, notre illustre maître, atteint d'une flèche au flanc gauche, a succombé un quart d'heure après entre mes bras, en murmurant ton nom et celui de sa fille Zoé. Nous espérions enlever son corps, pour le ramener ici et te le remettre, mais ces affreux barbares nous ont obligés à une retraite précipitée. Je rapporte pourtant son casque et son bouclier troués de coups de lances et témoins d'un courage qui ne s'est jamai démenti.

— Que Dieu me soit en aide ! murmure la patricia. Il me l'avait donné, il me l'a repris. Que la volonté du Ciel s'accomplisse !

Puis elle s'affaisse, se courbant sous le poids de la douleur, et ne revient à elle que pour serrer dans ses bras Zoé, qui venait d'être aussi prévenue et versait des torrents de larmes.

Au milieu de ces terribles conjonctures, les deux femmes, sans soutien, sans appui, pouvaient se demander ce qu'elles allaient elles-mêmes devenir.

La sinistre nouvelle se répandit bientôt. Des dames, des prêtres, des officiers de la cour vinrent tour à tour prodiguer leurs consolations à la pauvre veuve.

L'impératrice la fit prier quelques jours après de venir au Palais ; Sévéra lui demanda à passer dans la retraite les premiers jours de son deuil. Irène fut très bonne et lui accorda tout ce qu'elle voulut, en lui promettant de nouveau toute sa protection pour l'avenir, quoi qu'il dût arriver. Sévéra prit congé et envoya aussitôt ostensiblement ses bagages et ses serviteurs l'attendre à sa villa. Elle fit aussi chercher un vieux marin en retraite, nommé Libès, qui avait déjà donné de nombreuses preuves de dévouement aux orthodoxes ; il habitait le faubourg de Sykœ. Par lui, elle prévint Paul, qui accourut et mit à sa disposition une embarcation. Aidé du vieux Libès, il conduisit la mère et la fille au mont Saint-Auxence, au monastère d'Anne.

Pendant cette traversée, Zoé ne pouvait s'empêcher de faire part de ses tristes réflexions à sa mère et à son ami.

— Quelle différence il y a entre ce voyage-ci et le premier que nous fîmes sur ces mêmes flots, ô mère ! J'étais alors heureuse et adorée... et aujourd'hui je n'ai plus de père...! mon Théophane est absent, et peut-être, hélas ! sommes-nous soupçonnées et nous

nous cachons... Ami Paul, quand reverrons-nous Théophane ?

— Chère, disait Paul, je ne puis malheureusement te rendre la joie que je voudrais tant voir briller dans tes yeux. La flotte ne rentre pas tout entière à Byzance ; plusieurs dromons restent devant Barna, et ceux de Zonaras et de mon frère sont du nombre. Il est même défendu aux drongaires de quitter leurs bâtiments sous peine de mort. Je ne puis m'empêcher de penser que cette dernière mesure a été provoquée par Syncletus... Syncletus, voilà l'ennemi !... O ma mère ! ô ma sainte ! ajoutait-il, levant les yeux vers la voûte azurée, protège-les ! protège-nous !

Ils arrivèrent chez Anne.

— Tu m'as offert un asile, lui dit simplement Sévéra, si jamais le malheur venait à s'abattre sur nous. Nous sommes malheureuses ; veux-tu nous recevoir ?

La supérieure leur ouvrit les bras et les admit comme hôtesses en leur faisant toutefois revêtir le costume des religieuses, *l'habit des anges*. Quand elles furent installées, elle les conduisit dans la forêt voisine et leur indiquant un arbre du doigt :

— C'est là, dit-elle...

L'image d'Édesse avait été déposée et cachée par ses soins dans le creux d'un chêne plusieurs fois séculaire.

X

L'AMI DE CÉSAR

Constantin Copronyme, ayant fait un exemple avec le patriarche déposé, qui pouvait passer pour un de ses amis, ne devait pas reculer devant ceux qu'il appelait ses ennemis. Il renvoya donc Syncletus au mont Saint-Auxence avec une troupe de soldats. Le premier soin du protospathaire fut de s'entendre avec le procureur Sergius. Il lui donna de l'argent et lui parla de l'image qu'on ne pouvait trouver. Sergius dénonça Anne. C'était elle, évidemment, qui recélait le précieux dépôt. L'abbé Étienne avait l'habitude de lui confier les choses difficiles; il lui avait remis, à sa connaissance, plusieurs objets sacrés, que la supérieure pouvait plus facilement dérober à tous les regards.

Les furieux coururent au monastère des religieuses. Elles étaient en ce moment réunies à la chapelle, occupées à chanter l'office. Quand les soldats entrèrent, les pauvres femmes se levèrent, prêtes à fuir un geste d'Anne les retint. Celle-ci demeura assise sur le siège élevé qu'elle occupait dans le chœur. Son

Le monastère d'Anne

visage était calme, son front serein ; un rayon de soleil, passant à travers les fenêtres, illuminait ses traits et lui faisait comme un nimbe éclatant autour de sa noble tête ; elle ressemblait aux vierges peintes sur l'iconostase.

Les chants continuèrent ; mais c'étaient des voix tremblantes qui psalmodiaient ; une seule était ferme : celle d'Anne.

— Qu'on l'arrache de son siège et qu'on l'amène ici ! cria Syncletus.

Il avait vu le Basileus à Saint-Mammas et connaissait son métier de persécuteur. On amena la supérieure devant lui, au bas des marches du sanctuaire, où il s'était assis sur un tribunal improvisé.

— Comment te nommes-tu ?

On vit alors une chose étrange. La sainte supérieure ne paraissait pas avoir conscience de l'horreur de la situation ; sans souci de cette soldatesque, elle continuait à prier et à psalmodier.

Elle répondit en entonnant le XII° psaume :

— « Jusqu'à quand, Seigneur, m'oublieras-tu ? Jusqu'à quand mon cœur sera-t-il agité d'inquiétude pendant tout le jour ? »

— Réponds, rugit le protospathaire.

— « Jusqu'à quand mon ennemi sera-t-il élevé au-dessus de moi ? Regarde-moi et exauce-moi, Seigneur mon Dieu ! »

— Qu'est-ce que raconte cette vieille folle ? cria

Syncletus ; elle a perdu le sens ; c'est évident.

— « Seigneur, éclaire mes yeux, afin que je ne m'endorme jamais dans la mort ! »

— Oh ! tu t'y endormiras, tu en prends le chemin. Voyons ! vieille, en dépit des ordonnances du divin empereur, tu conserves ici des images; c'est une vraie idolâtrie.

— «... De peur que mon ennemi ne dise : J'ai eu l'avantage sur elle ; car ceux qui me persécutent ressentiront une grande joie s'il arrive que je sois ébranlée... »

— Tu vas me répondre, entends-tu ? et laisser là tes psaumes. C'est sérieux ! Tu caches aussi une image apportée ici par une dame et un officier de la flotte ; tu m'as compris, cette fois. Où est cette image ? Je veux le savoir....

— «... Mais j'ai mis mon espérance dans ta miséricorde, ô mon Dieu ! mon cœur sera transporté de joie à cause du salut que tu me procureras... »

— C'est un parti pris, cria l'officier. Ainsi tu ne veux pas répondre ?

— «... Je chanterai des cantiques au Seigneur,

qui m'a comblée de faveurs, et je psalmodierai à la gloire du Seigneur Dieu Très-Haut ! »

— Va-t'en psalmodier en enfer ! clama Syncletus hors de lui. Soldats, approchez, mettez-vous à quatre ; non ! à huit, et battez cette chanteuse, jusqu'à en perdre le souffle ; allez !

Les soldats prirent des bâtons et se mirent à frapper cruellement la supérieure sur la tête, et sur tout le corps ; les religieuses voulurent s'élancer pour lui porter secours ; mais elles furent dispersées aussitôt dans toutes les directions. Anne râlait sous la grêle des coups, et pourtant on pouvait voir encore ses lèvres murmurer une dernière prière... Elle ne cessa de prier qu'en expirant.

Les soldats, après cette horrible et honteuse exécution, prirent, sous la direction de leur chef, le chemin du monastère d'Étienne. Nous les retrouverons là un peu plus tard.

Mais qu'étaient devenues la patricia et sa fille ? Elles aussi avaient fui, selon la recommandation expresse d'Anne, pour sauver l'image. Cachées dans la forêt, tremblantes de peur, elles attendirent la nuit, prompte à venir dans cette saison d'automne, et, reprenant l'icône, elles se dirigèrent à pied vers leur villa, en suivant les bords de la mer.

Elles firent un détour pour éviter le monastère et elles entendirent les chants des soldats qui prenaient le sentier conduisant au couvent de l'abbé Étienne ; enfin, après des fatigues inouïes et des frayeurs sans nombre, elles arrivèrent avant l'aurore à la villa. Sévéra avait la clef d'une petite porte du jardin ; elles entrèrent par là, en apaisant facilement les chiens, qui les reconnurent. Elles parvinrent jusqu'à leurs appartements, cachèrent l'icône soigneusement et ôtèrent leurs habits de religieuses, pour remettre leurs costumes de deuil.

Le lendemain, les serviteurs étonnés les aperçurent dès le matin et firent quelques questions timides. La patricia leur ferma la bouche en leur annonçant qu'avant de partir, et dans la crainte de succomber au cours de la campagne bulgare, le général avait chargé un notaire de faire des dons à ses vieux serviteurs. Elle avait eu des conférences avec le notaire ; ce qui avait ajourné son arrivée à la villa. On ne pensa bientôt plus à ce retour inopiné et mystérieux, et on supputa les gratifications probables.

Les deux nobles dames ont repris leurs habitudes de luxe et leur manière de vivre, pour ne point exciter de nouveaux étonnements. Le surlendemain de leur retour, elles viennent de passer dans la salle à manger. Magnifique, cette salle, le soir surtout, quand elle est éclairée par un candélabre d'Égine, de travail antique, posé par terre, et par des lampes de verre émaillé suspendues au plafond d'albâtre par des chaînes d'argent. Un tapis de Babylone occupe le milieu du pavé en marbre de Phrygie, bordé de bandes de mosaïques. Autour de la salle sont des buffets de bronze chargés de grands vases et de coupes : un lit circulaire à coussins de pourpre entoure la table de cèdre.

Des jeunes filles esclaves, vêtues de courtes tuniques aux larges manches, enlèvent les plateaux d'argent contenant des olives blanches et noires, des melons découpés, des huîtres et des hérissons de mer ; elles reviennent, apportant un pâté de poisson et un jeune paon rôti, auquel on a laissé sa queue azurée. Un nègre éthiopien puise avec une cyathe d'or, dans un grand cratère, le vin qu'il verse dans des coupes de verre d'Alexandrie, qui changent de couleur suivant l'aspect sous lequel on les regarde ; il place devant les deux convives les assiettes en terre rouge, rehaussées d'arabesques noires.

Il est midi ; un esclave entre et dit :

— Maîtresse, l'illustre protospathaire Syncletus est là, qui demande à te parler.

Syncletus ! le vil acteur de la comédie de l'Hippodrome que tout Byzance connaît, l'acteur néfaste de la tragédie de l'avant-veille, que les deux femmes ont apprise par des religieuses qui s'enfuyaient, et qu'elles pleurent encore...

— Que peut-il nous vouloir ? murmure Sévéra.

Zoé est indignée, pourtant elle dit :

— Mère, n'est-ce pas le favori du Basileus ?

— Hélas ! oui.

— Alors, tu dois le recevoir, lui sourire. S'il paraît bien disposé, tu peux lui demander le rappel de mon Théophane...

Sévéra cède.

— Introduisez le protospathaire dans le triclinium d'Éros et priez-le d'attendre un instant ; je vais le recevoir.

Le repas s'achève rapidement et en silence.

L'âme des pauvres femmes est oppressée. Comme elles sentent leur solitude et leur abandon ! Comme elles déplorent la mort de leur puissant soutien !

Sévéra laisse Zoé et passe dans la pièce de réception ; elle y trouve l'officier, dont la figure aimable et gracieuse, la parole douce forment un contraste frappant avec les sinistres allures du bourreau du mont Saint-Auxence.

— Patricia, je n'ai pas voulu tarder davantage à t'apporter mes condoléances ; tu as perdu le plus noble et le plus vaillant des époux, il est regretté de tous ceux qui l'ont connu. Le Basileus perd un fidèle serviteur, et nous un ami très cher.

Sévéra s'incline, et Syncletus reprend :

— Mais comme vous voilà seules, toi et ta charmante fille ! Où est-elle, cette rose de Saron ? Serait-elle indisposée, absente ?...

— Seigneur, ma fille, en effet, est souffrante ; pardonne-lui si elle ne peut paraître ; notre deuil l'accable, plus que je ne puis dire.

— Patricia, notre auguste maître, le Basileus Constantin, s'est préoccupé de votre situation et de votre solitude : il veut vous donner à toutes deux un protecteur. Un protecteur bien en cour peut être utile par ce temps de querelles religieuses...

— Mais, Seigneur, je suis attachée au service de la très haute Basilissa; je ne pense pas qu'elle veuille m'abandonner. Toujours, ma fille et moi, avons été comblées par Sa Majesté...

— J'entends bien, patricia ; mais il faut un homme dans une maison. Veux-tu me permettre un exemple ?

— Je t'écoute, Seigneur.

— Dernièrement, il est arrivé une chose singulière, non loin d'ici. Malgré les édits impériaux, une dame de la cour et un officier de l'armée se sont mis en tête de cacher une image et, pour plus de sûreté, de l'apporter à un saint homme de moine, qui les accueillit de la meilleure façon. Malheureusement, le fait a été connu. Il aurait pu en coûter beaucoup à la noble dame ; mais un protecteur veillait sur elle, comme l'archange Raphaël sur Tobie, la foudre a été détournée de la chère tête...

Sévéra avait pâli affreusement : son secret était connu ; il n'y avait plus à en douter; elle fit un violent effort sur elle-même et finit par dire :

— Je ne connais pourtant personne qui puisse jouer ce rôle à notre endroit...

— Si tu y consens, patricia, ce sera moi, et... l'Empereur le désire.

A la pensée de devoir son salut et celui de sa fille à cet homme qu'elle savait s'être souillé, la veille, du meurtre de la pieuse supérieure et dont toutes les paroles, aujourd'hui si gracieuses, enveloppaient une menace de délation ; à la pensée de donner sa fille à un bourreau impie, le sang de Svéra reflua vers son cœur et, si elle n'eût écouté que son indignation, elle eût chassé aussitôt l'infâme ; mais elle aussi était Grecque et savait dissimuler. Il fallait gagner du temps. Son salut était à ce prix.

— Seigneur, dit-elle, je ne puis qu'être extrêmement flattée de la proposition que tu viens de me faire ; je professe la plus grande estime pour le fils du patrice Calliste et pour son illustre père. Quant à mon obéissance à l'auguste empereur, elle est au-dessus de tout soupçon, je l'espère : mon attachement à la maison impériale est connu. Seulement, vois : mon deuil est si récent ! ma fille si jeune et si désolée ! sa santé et la mienne sont si ébranlées ! Tu me prends au dépourvu, honorable Syncletus, et tu conviendras aussi qu'il faut que je prenne le temps d'entretenir la Basilissa d'un projet de cette importance. Irène aime beaucoup Zoé, et nous ne ferons rien sans qu'elle ait auparavant conseillé et décidé. Pardonne-moi ! mais tu as un tel renom de courtoisie et de savoir-vivre que tu as compris depuis longtemps la valeur de mes raisons... Puis-je te faire servir une collation ? Voudrais-tu accepter quelques rafraîchissements ?...

— Mille grâces, noble Sévéra, repartit l'officier, je craindrais d'abuser en effet, et surtout j'ai peur de manger seul. Je serais évidemment privé de la vue de la charmante Zoé, et je ne pourrais vraiment me repaître en ce moment d'aucune autre chose. Ce que je veux boire, vois-tu, c'est le filtre enivrant qui coule de ses adorables yeux. J'attendrai, mais pas trop longtemps, laisse-le moi croire. Adieu ! je retourne au palais sacré rendre compte de ma mission au magnifique Basileus. Nul doute qu'il ne soit aussi question entre lui et moi de l'entretien que nous venons d'avoir ensemble... A bientôt !...

L'impudent, à ces mots, qui étaient encore une menace, sortit, et, rejoignant son escorte, qui l'attendait dehors, monta à cheval et tourna bride. La patricia revint près de sa fille dans un état d'alarme inexprimable. Elle lui raconta tout. L'étonnement et l'indignation de Zoé égalèrent au moins les siens. Qu'allaient-elles faire? Qu'allaient-elles devenir? Elles se le demandèrent cent fois dans cette après-midi désolée ; elles sentaient qu'une trame habilement ourdie se resserrait de plus en plus autour d'elles. Et ceux qui eussent pu les consoler et les aider n'étaient pas là !

Dans la soirée, Paul arriva en caïque. Il avait entendu parler de la destruction du monastère d'Anne; inquiet, il venait voir si ses amies ne s'étaient point réfugiées à leur villa; il était en outre porteur d'une lettre de Théophane, où celui-ci déplorait de ne pouvoir quitter la flotte et leur offrir son dévouement. Les deux femmes racontèrent à Paul la mort d'Anne, leur fuite et la démarche de Syncletus. Elles le prièrent d'informer Théophane de tous ces événements et de lui dire qu'elles n'oubliaient pas leurs promesses et leurs engagements, et que lors même qu'il entendrait parler des projets du protospathaire, il ne devait pas y croire. Zoé ne devait jamais être l'épouse d'un iconoclaste et d'un assassin.

Paul retourna à son bord avec son canot et, comme il faisait nuit noire, il en profita pour prendre avec lui l'Image sainte et les habits religieux des deux femmes. Il jeta ceux-ci à l'eau, après les avoir lacérés; quant à l'icône, il la cacha au fond de la chambre qu'il occupait sur le dromon et, avant de la mettre entre deux planches de la cloison, il se mit à genoux devant elle et fit cette prière :

— O Anastaso, ô ma mère, toi qui as prié si souvent devant cette image sainte et qui es morte pour elle, protège-la du haut du ciel et protège-nous tous, car jamais nous n'en avons eu plus grand besoin!...

XI

LA PRISON

Afin de se ménager l'appui de l'Impératrice, la veuve du général ne s'attarda point à la villa et elle retourna à Constantinople. Ce fut dès lors une vie très triste que menèrent les deux femmes. Les missives de Théophane étaient rares, par prudence; rares aussi les visites de Paul, pour les mêmes raisons. Quant à Syncletus, elles eurent à subir souvent ses importunités et ses recherches affectées; déjà tout Byzance désignait celui-ci comme le futur époux de Zoé, et il fallut toute l'autorité d'Irène pour que le favori n'obtînt pas de son maître de forcer la patricia à abréger le délai prescrit; mais il réussit mieux à éterniser Théophane dans le port de Barna.

Le dromon de l'amiral était parti pour les mers du Sud afin de surveiller les Sarrasins du côté de la Syrie; le père ne pouvait donc protéger son fils. Il semblait que Dieu eût abandonné ses fidèles serviteurs; ils n'avaient même plus, ni l'un ni l'autre, la consolation d'entendre un bon avis, un affectueux conseil de la bouche de leur ami, le grand Étienne d'Auxence.

Nous allons raconter ce qui était arrivé au courageux confesseur de la foi.

Après le meurtre d'Anne, Syncletus et sa troupe étaient montés au monastère des religieux; ils avaient chassé ceux-ci, mis le feu aux bâtiments et à l'église, puis, tirant l'abbé de la grotte où il vivait au sommet de la montagne, ils l'avaient conduit sur le rivage, lui donnant des coups de bâtons, le prenant à la gorge et lui déchirant les jambes avec des épines; ils l'injuriaient, le frappaient au visage. L'abbé ne pouvant marcher, ils le jetèrent dans une barque et le menèrent le long de la côte dans un monastère de Chrysopolis, en face de Byzance. L'Empereur défendit d'approcher du mont Saint-Auxence, sous peine de mort.

Le tigre voulut jouer avec l'agneau avant de le dévorer. Il fit venir cinq évêques, les chefs des iconoclastes; c'étaient Théodore d'Éphèse, Constantin de Nicomédie, Constantin de Nacolie, Sisinnius Pastilas et Basile Tricacabe; il leur adjoignit le patrice

Calliste, le secrétaire Comboconon et l'officier Mansare et les envoya tous à Chrysopolis. Il eût bien voulu y envoyer le patriarche ; mais celui-ci eut le courage de refuser.

Arrivés au monastère, les évêques firent leur prière au *catholicon*, et, s'asseyant sur les degrés du bain, ils mandèrent Étienne, qui vint, les fers passés dans ses pauvres jambes, soutenu par deux hommes.

Les évêques pleuraient hypocritement.

— Homme de Dieu, dit Théodore d'Éphèse, comment t'es-tu mis dans l'esprit de nous tenir pour hérétiques et de croire en savoir plus que les empereurs, les archevêques et tous les fidèles? Voyons, travaillons-nous à perdre les âmes?

— Évêque, répondit gravement Étienne, pense à ce que dit Élie le Thesbite au roi Achab: « Ce n'est pas moi qui cause ce trouble ; mais toi et la maison de ton père. » C'est vous qui avez introduit une nouveauté dans l'Église ; on peut donc vous dire, avec le prophète : « Les rois de la terre, avec les magistrats et les pasteurs se sont assemblés contre l'Église du Christ formant de vains complots. »

Il n'y avait rien à répondre à cet argument tiré

de l'Écriture ; aussi l'évêque Constantin de Nicomédie, qui n'avait qu'une trentaine d'années, se leva pour donner un coup de pied au saint abbé, qui était assis par terre ; mais un soldat le prévint et frappa du pied Étienne dans le ventre, comme pour le faire lever.

Calliste et Comboconon arrêtèrent l'évêque Constantin et dirent à l'abbé :

— Tu as à choisir entre deux choses : ou souscrire au concile, ou mourir comme rebelle à la loi des Pères et des empereurs.

— Ma vie, dit Étienne, c'est Jésus-Christ : mourir pour sa sainte image sera ma gloire ! Mais qu'on lise la définition de votre concile, afin que je voie ce qu'elle peut contenir de raisonnable contre les images.

Constantin de Nacolie prit un parchemin et lut le titre :

— « Définition du saint Concile, septième œcuménique. »

Étienne aussitôt lui fit signe de la main de s'arrêter :

— Comment, dit-il, peut-on nommer saint un

concile qui a profané les choses saintes? Un de vos évêques n'a-t-il pas été accusé par de vrais fidèles d'avoir dans votre concile foulé aux pieds la patène destinée aux saints mystères, parce qu'on y voyait les images de Jésus-Christ, de sa sainte Mère et de son précurseur? Vous l'avez maintenu dans ses fonctions et vous avez excommunié ses accusateurs comme défenseurs des idoles. Qu'y a-t-il de plus impie? N'avez-vous pas aussi ôté le titre de saints aux apôtres et aux martyrs, les nommant simplement apôtres et martyrs?

Et puis, comment votre concile est-il œcuménique, puisqu'il n'est point approuvé de l'évêque de Rome, sans l'autorité duquel il est absolument défendu de régler les affaires ecclésiastiques? Et il n'a pas été approuvé non plus ni par le patriarche de Jérusalem, ni par celui d'Antioche, ni par celui d'Alexandrie. Où sont les lettres de ces pontifes?

Enfin, comment appelle-t-on septième concile celui qui ne s'accorde point avec les précédents?

L'évêque Basile dit :

— En quoi ne nous accordons-nous pas avec les conciles précédents?

— Mais n'ont-ils pas été assemblés dans les églises? repartit Étienne, et dans les églises n'y avait-il pas des images reçues et vénérées par les Pères? Réponds-moi, évêque.

— J'en conviens, dit Basile.

L'abbé éleva alors les bras, en soupirant profondément, puis il étendit majestueusement les mains en prononçant ces paroles :

— Quiconque n'adore pas Notre Seigneur Jésus-Christ renfermé dans son image selon l'humanité, qu'il soit anathème ! et que son partage soit avec ceux qui ont crié : « Qu'on l'ôte, qu'on le crucifie ! »

Il allait continuer ; mais les époptes du Basileus, étonnés de la liberté avec laquelle il parlait et couverts de confusion par cette logique serrée, se levèrent et ordonnèrent qu'on l'enfermât.

Ils retournèrent à Constantinople, où le Basileus les attendait impatiemment. Les évêques ne voulaient pas avouer leur échec, mais Calliste, ennuyé de n'avoir jamais réussi et voulant en finir, dit nettement:

— Excuse mes paroles, Autocrator; mais nous sommes vaincus. Cet homme est fort en raison et de plus il méprise la mort.

Le Basileus se fâcha.

— Ah ! c'est ainsi, dit-il ; apportez-moi le cinabre et le papier jaune.

Et il dicta à un secrétaire une sentence qui envoyait Étienne en exil dans l'île redoutée de Proconèse, près de l'Hellespont.

Le saint était demeuré dix-sept jours dans le monastère de Chrysopolis ; pendant ce temps il vécut sans prendre aucune nourriture. L'Empereur avait pourtant ordonné qu'on lui envoyât tout ce qui était nécessaire, désirant ainsi montrer au peuple qu'il savait être humain dans l'occasion ; mais l'abbé ne voulut rien recevoir d'un excommunié. Avant de partir il guérit l'higoumène du monastère, qui avait été abandonné de tous les médecins.

Arrivé à Proconèse, il se logea dans une grotte, au bord de la mer, non loin d'une église de Sainte-Anne et il se nourrissait des herbes qu'il rencontrait. Ses disciples, chassés de Saint-Auxence, ayant appris le lieu de son exil, vinrent dans l'île et se rassemblèrent autour de lui pour vivre de la vie monastique. Deux seulement n'étaient pas venus ; ils avaient apostasié. On ne s'étonnera pas de voir parmi eux Sergius, l'ancien procureur de Saint-Auxence; l'autre se nommait Étienne, et l'Empereur l'attacha à l'église de Sainte-Sophie.

Le saint avait fait construire une petite cage au sommet d'une colonne et il s'enferma là pour continuer ses austérités. A cette époque, on aimait beaucoup le genre de vie stylite dans les monastères. Étienne avait alors 49 ans et on était en l'année 763.

Dans les derniers mois de l'année, Dieu sembla montrer combien il était irrité contre les persécuteurs de son Église. Un froid excessif se déclara. Toutes les guerres, toutes les affaires furent suspendues. Dès le commencement d'octobre le Pont-Euxin se glaça à la profondeur de quarante-cinq pieds et jusqu'à plus de trente lieues du rivage. Il tomba sur cette glace trente pieds de neige : la mer était confondue avec la terre et offrit pendant quatre mois une route solide et sûre aux voitures les plus pesantes. Au mois de février 764, cette glace se rompit en une quantité de glaçons énormes comme des montagnes.

L'historien Théophane raconte qu'étant alors tout enfant il monta sur un des glaçons avec ses cama-

Étienne d'Auxerre est conduit en exil.

rades et y trouva de nombreux cadavres d'animaux domestiques et sauvages. Les habitants de Byzance, nuit et jour, étaient dans des alarmes continuelles. Le 16 mars seulement, ces montagnes flottantes commencèrent à fondre et, dans ce même mois, l'air parut embrasé de tant de feux, comètes, bolides ou aérolithes, que le peuple s'imaginait que les étoiles tombaient du ciel et que le monde allait périr. L'été suivant, une longue sécheresse, causée par des vents brûlants, fit tarir presque tous les cours d'eau.

Dans l'île de Proconèse, on vivait aussi en plein miracle. Un aveugle vint trouver Étienne et le pria de le guérir. L'abbé s'en défendait avec humilité : cependant, il lui dit :

— As-tu la foi ? Révères-tu l'image de Jésus-Christ, de sa Mère et des saints ? Crois-tu en Dieu, qui guérit même par les images, comme il arriva à la conversion de sainte Marie l'Égyptienne ?

— Je crois, dit l'aveugle, et je révère les images.

— Eh bien ! repartit l'abbé, au nom du Seigneur Jésus-Christ qui a guéri l'aveugle-né, de Jésus-Christ en qui tu crois et que tu révères en son image, regarde le soleil sans obstacle !

Aussitôt l'aveugle recouvra la vue, et il s'en allait louant Dieu et transporté de joie.

Une femme de Cyzique lui amena son fils possédé du démon depuis près de neuf ans. Du fond de sa cage, il pria pour lui et, l'appelant par son nom, il lui fit vénérer l'image de Jésus-Christ et le renvoya guéri. Une femme noble d'Héraclée en Thrace, affligée depuis sept ans d'une perte de sang, vint trouver Étienne, vénéra la croix et fut guérie au bout de trois jours.

Du haut de sa retraite, quand le saint voyait la tempête et le tumulte des flots, il priait avec ses religieux pour les matelots en danger; la mer s'apaisait, et les matelots venaient souvent le remercier et lui dire que, dans le péril, ils l'avaient vu qui conduisait le navire, comme un pilote éprouvé.

Quelque temps après, un soldat nommé Étienne, qui servait dans le corps des Arméniens, en Thrace, perclus de la moitié du corps, vint trouver le saint et fut guéri par lui. Ses compagnons d'armes, ayant su la chose, dénoncèrent le soldat au stratège de la province qui l'envoya à l'Empereur. Constantin lui demanda s'il persistait dans l'idolâtrie. Le malheureux se mit à genoux et apostasia ; il fut aussitôt créé centarque ; mais comme il sortait du Palais, son cheval le jeta par terre, le foula aux pieds et il mourut. Constantin prit occasion de ce qui était arrivé au soldat pour rappeler Étienne, disant que, même dans son exil, il ne cessait d'enseigner au peuple l'idolâtrie et le culte des images. Pour l'abbé, c'était la dernière étape avant le martyre.

Étienne est donc jeté dans la prison du prétoire ou de la préfecture, entre le palais de Lausus et l'Octogone ; il a les fers aux mains et les entraves aux pieds. Quelques jours après, le Basileus monte sur la terrasse de Daphné avec le patrice Calliste et le protospathaire Syncletus et il se décide enfin à voir son ennemi ; il donne ordre qu'on aille le chercher.

Constantin est assis sur un divan installé sous une tente ; il a les traits contractés, le front sombre ; un tremblement convulsif agite parfois ses membres ; il sent qu'il va livrer la grande bataille. Il hait ce moine, qui depuis si longtemps le tient en échec et le brave, et qu'il n'a pas osé supprimer encore ; au fond, il a peur de lui, de sa renommée, de sa parole et de sa science incontestée, de son autorité et de l'affection que le peuple a pour lui. N'importe ! il faut en finir.

L'abbé paraît au haut des degrés qui mènent à la terrasse; il se traîne en boitant; il ressemble à un pauvre, à un mendiant du port.

— Ah ! le voilà ! crie le Basileus. Voyez ! Voilà l'homme qui me couvre de calomnies !...

Étienne baissait les yeux en silence.

— Tu ne me réponds point, misérable !

— Autocrator, dit le saint, si tu es résolu à me condamner, envoie-moi au supplice; si tu veux m'interroger, modère ta colère; car c'est ainsi que les lois ordonnent aux juges d'en user.

— Voyons ! dis-moi quels décrets ou quels préceptes des Pères nous avons méprisés, pour te donner sujet de nous traiter d'hérétique.

— Autocrator, tu as enlevé des églises les images que les Pères ont admises et vénérées de tout temps.

— Impie ! ne les appelle pas : images; ce sont des idoles. Comment peuvent-elles s'allier avec les choses saintes? Qu'a de commun la lumière avec les ténèbres?

— Autocrator, écoute! les chrétiens n'ont jamais ordonné de révérer la matière dans les images; nous révérons le nom de ce que nous voyons, remontant en esprit jusqu'aux originaux. Cette vue élève notre pensée vers le ciel et fixe notre curiosité.

— Mais est-il juste de faire des images sensibles de ce que l'esprit lui-même ne peut comprendre?

— Et quel est l'homme qui, à moins d'avoir perdu le sens, en révérant ce qu'on voit dans une église, révère la pierre, l'or ou l'argent, sous prétexte que cela est saint? Vous autres, voici ce que vous faites : sans distinguer ce qui est saint de ce qui est profane, vous n'avez pas en horreur d'appeler idole l'image de Jésus-Christ comme l'image d'Apollon, et celle de la Mère de Dieu comme la statue de Diane; vous ne regrettez pas de les fouler aux pieds et de les brûler.

— Esprit bouché! est-ce qu'en foulant aux pieds les images, nous foulons aux pieds Jésus-Christ? A Dieu ne plaise!

L'abbé, en se rendant au palais, s'était fait donner

une pièce de monnaie qu'il avait cachée sous ses habits; tirant alors cette pièce de son sein il dit :

— Autocrator, de qui est cette image et cette inscription ?

Le Basileus, étonné, répondit :

— Elle est des empereurs, c'est-à-dire de moi-même et de Léon, mon fils Porphyrogénète.

— Serais-je donc puni, continua Étienne, si je la jetais par terre et si je la foulais aux pieds ?

Calliste et Syncletus crièrent :

— Certainement, tu le serais, puisqu'elle porte l'image et le nom des invincibles empereurs.

Le saint poussa un profond soupir et dit :

— Quel sera donc le supplice de celui qui foule aux pieds et livre aux flammes l'image de Jésus-Christ et celle de sa Mère !

A ces mots, il jeta la pièce de monnaie à terre et marcha dessus. Syncletus bondit alors vers lui, comme une bête féroce, et fit mine de le précipiter en bas de la terrasse; mais Constantin l'arrêta :

— Liez les mains et le cou de ce misérable sacrilège, cria-t-il, et reconduisez-le à la prison du prétoire. Il sera jugé selon les lois pour avoir foulé aux pieds l'image de l'empereur.

Cette fois, il avait trouvé un prétexte.

Dans la prison du prétoire, il y avait trois cent quarante-deux moines de divers pays, qui avaient souffert pour la même cause qu'Étienne. Les uns avaient les yeux crevés ; les autres, le nez, les mains ou les oreilles coupés ; d'autres montraient les marques des coups de fouets qui les avaient déchirés, ou leur tête rasée par les iconoclastes ; la plupart avaient la barbe enduite de poix et brûlée. Étienne, en contemplant ces saints confesseurs, rendait grâces à Dieu qui leur avait donné la patience et s'affligeait de n'avoir encore rien souffert de semblable. Pour eux, ils le regardaient comme leur pasteur et leur maître, écoutaient ses instructions et lui confessaient leurs péchés. La prison devint un monastère, où l'office était récité régulièrement. Les geôliers et les gardes ne pouvaient s'empêcher d'admirer ce spectacle.

L'abbé, pour enflammer leur courage, faisait raconter à ses compagnons les faits héroïques dont ils avaient été les témoins. Un religieux, nommé

Antoine de Crète, au milieu d'un cercle d'auditeurs assis par terre, disait le martyre de l'abbé Paul :

— Il fut pris par le gouverneur de l'île Lardotyre, qui avait fait mettre à terre, d'un côté, l'image de Jésus-Christ en croix, de l'autre, l'instrument de supplice, que l'on nomme catapulte. Alors, il lui dit : « Paul, tu as à choisir entre les deux : ou marcher sur l'image, ou aller au supplice. » Paul répondit : « Seigneur Jésus, je ne marcherai pas sur ton image. » Et, se penchant vers elle, il la baisa respectueusement. Le gouverneur en colère le fit dépouiller et étendre sur le catapulte, où des bourreaux l'ayant serré entre deux planches, depuis le cou jusqu'aux talons, lui déchirèrent les côtes avec des peignes de fer ; puis ils le pendirent, la tête en bas, et allumèrent autour de lui un grand feu qui le consuma.

Quand Antoine eut terminé, le vieux Théocrite, prêtre du monastère de Félicite, qui avait le nez coupé et la barbe brûlée avec de la poix et de la naphte, s'avança en disant :

— On ne peut rapporter sans gémir la cruauté du gouverneur d'Asie, Lachanodracon. Le soir du Jeudi saint, comme on célébrait le sacrifice non sanglant, il entra par ordre du Basileus dans l'église, fit cesser l'office, saisit trente-huit moines qu'il mit à part et attacha à des pièces de bois, par le cou et par les mains. Quant aux autres, il en fit déchirer une partie à coups de fouets ; il fit couper au reste le nez et poisser et brûler la barbe ; je suis de ceux-ci. Enfin, il brûla le monastère, depuis les écuries jusqu'au *catholicon*, réduisant tout en cendres. Il emmena après les trente-huit qu'il avait mis à part, et les enferma dans un vieux bain, près d'Éphèse, dont il boucha l'entrée ; puis il fit miner la montagne voisine, qui tomba sur le bain et les enterra vivants.

Les moines prièrent ensuite Étienne de leur dire à son tour quelques paroles de consolation et il leur proposa pour exemple Pierre, le reclus des Blaquernes, qui expira sous les coups de nerfs de bœuf, en présence de l'Empereur, et Jean, abbé du monastère de Monagrie, que Constantin fit enfermer dans un sac, — on faisait déjà cela à Constantinople, — et jeter dans la mer, avec une grosse pierre, pour avoir refusé de fouler aux pieds les images de Jésus-Christ et de la Vierge.

Un des guichetiers de la prison dit un jour à sa femme :

— Le Basileus est fou et le moine Étienne m'apparaît comme un Dieu...

La femme, à l'insu du mari, vint alors trouver le saint :

— Père, lui dit-elle, ne me repousse pas, tout indigne que je suis. Permets-moi de t'apporter ce qui est nécessaire. N'aie pas horreur de mes péchés. J'espère que Dieu me récompensera de ce petit service.

— Je prierai pour toi, ma fille ; mais je n'accepterai rien.

— Je t'en prie, Père !

— Mais je n'ai jamais communiqué avec des hérétiques.

Il la croyait iconoclaste. La femme du guichetier reprit :

— Dieu me garde, Père, de jamais déshonorer les images de Jésus-Christ, de sa Mère ou des saints ! Je sais quelle sera la punition de ceux qui osent le faire ; le saint patriarche Germain les mettait au rang de ceux qui ont crié pendant la passion :

« Crucifiez-le ! » Je te demande seulement de ne point me découvrir à mon mari.

Elle retourna alors chez elle, entra dans sa chambre, ouvrit un coffre fermé à clef, où elle cachait des images, comme Anastaso la martyre : il y en avait trois, une de la Vierge Marie serrant son fils entre ses bras, une de saint Pierre et une de saint Paul, apôtres : elle se mit à genoux devant elles et les porta à l'abbé en disant :

— Mets les devant toi, mon Père, pendant tes prières, afin que tu te souviennes de la pauvre pécheresse.

Étienne y consentit et, depuis, elle lui apportait tous les samedis et les dimanches six onces de pain et trois carafes d'eau. C'était toute sa nourriture.

Quelque temps après, le saint dit à la pieuse femme :

— Je vais passer les jours qui vont suivre dans la retraite, la prière et le jeûne. Ne m'apporte donc rien ; je sais que je mourrai bientôt.

Il exhortait les moines prisonniers à ne point perdre courage ; plusieurs habitants de la ville, se couvrant de haillons, venaient aussi à la prison, écoutaient ses instructions et lui demandaient sa bénédiction. Enfin, un jour, après l'office de prime, il appela la femme du geôlier et lui dit, en présence des moines :

— Viens, femme bénie, que Dieu te rende au centuple tout le bien que tu m'as fait ! Reprends tes images ; qu'elles te servent de protection pendant cette vie et de gage de fidélité dans l'autre. Pour moi, demain, je partirai d'ici pour aller à un autre monde et à un autre juge.

Tous l'écoutaient, pénétrés de douleur. La femme du geôlier, toute en larmes, se prosterna à ses pieds, prit ses images et, les ayant enveloppées dans un linge, elle alla les replacer dans leur cachette.

XII

MARTYRE

Dans le triclinium des *Dix-neuf lits* qui servait aux grands banquets, le Basileus Constantin célébrait la fête païenne des Brumales, en l'honneur de Bacchus, nommé par les anciens Romains : Brumus. C'était le vingt-quatrième jour de novembre, qui était aussi le jour de la fête de l'impératrice Irène. Les convives du plus haut rang, invités la veille ou le matin même, conformément aux prescriptions du *klétorologion* (1), les dignitaires nobilissimes, éminentissimes, très illustres, très glorieux, très magnifiques, sont venus à cheval ou dans de grands chars à quatre chevaux, inscrutés d'or et d'argent, sous l'escorte des eunuques et des *bravi*.

De grands candélabres d'argent pendent aux chaînes de même métal qui relient les colonnes de marbre de Thessalie ; le plafond doré d'où se détache une

(1) Art d'inviter.

treille sculptée, les murs revêtus de mosaïques représentant des arbres, des fleurs et des fruits ; le sol pavé de marbres précieux forment un ensemble éblouissant. Au fond du triclinium, en face de la porte principale, une table, en forme d'hémicycle, avec divan, est destinée à l'Empereur et aux douze principaux convives, en souvenir du repas de la scène pris par Jésus-Christ et les douze ; trois marches de porphyre rouge y conduisent. Devant l'hémicycle sont disposées parallèlement, à droite et à gauche, dix-neuf tables avec divans; chacune pour onze personnes, qui ne tourneront pas le dos au prince. La vaisselle est d'or ; on mange couché et avec les doigts.

Dans la salle, à droite et à gauche de la table impériale, on voit les chanteurs de Sainte-Sophie et ceux des Saints-Apôtres avec leurs orgues d'or et d'argent. Le Basileus pénètre le premier dans cette salle, et un voile de pourpre suspendu à l'entrée empêche qu'on le voie ; mais quand le voile est levé, les convives, qui sont encore dans la salle d'attente, se prosternent, la main devant les yeux, et un maître de cérémonies, enveloppant sa main dans un coin de sa robe, la présente au monarque pour l'aider à monter et, à chaque marche, il dit :

— Serre fortement, gracieux seigneur !

Un autre fonctionnaire, le panetier, invite à haute voix les convives à entrer et leur désigne leurs places ; tous ont par-dessus leurs vêtements un surtout de cérémonie.

Constantin, lui, porte le dibetesium de pourpre et la tiare blanche ; il fait signe aux chantres d'entonner la strophe qui appelle la bénédiction sur l'Empereur. Aussitôt tout le monde se lève et enlève son surtout ; le chant fini, chacun remet ce vêtement singulier et se recouche.

Le premier service est composé de viandes froides, jambons et saucissons, fortement assaisonnés d'huile, d'ail et d'oignon, et les plats, de très grande dimension, posés sur des wagonnets, sont roulés jusqu'à la table impériale et hissés devant le souverain au moyen d'un système de poulies et de câbles de pourpre qui tombent du plafond. L'Empereur ordonne ensuite de les porter sur les autres tables. Il envoie aussi à ses favoris, par un fonctionnaire qui s'appelle l'agréable (*terpnos*), des portions puisées de ses mains dans le plat impérial. Quand le terpnos va porter le cadeau, les assistants se lèvent et ôtent leur surtout; quand le terpnos revient, on remet le pardessus et on se recouche. Pendant ce temps-là, un turmarque de la garde et le démarque des Bleus chantent et dansent en l'honneur du glorieux souverain.

Le second service arrive avec les rôtis et les plats chauds. Un chapelain impérial lit une homélie de saint Jean Bouche d'Or, — ce qui jure bien un peu avec le patron qu'on célèbre. — Et debout et sans surtout, on boit à la santé de l'empereur avec du vin de Naupacte. Le cérémonial règle le nombre des rasades (1).

On n'en est pas encore au dessert, composé de gâteaux, sucreries et fruits; le Basileus fait toujours ses libations profanes, quand Syncletus entre dans la salle et, malgré le cérémonial, obéissant sans doute à des ordres urgents et précis, il s'approche de son maître et lui dit à l'oreille :

— Autocrator, sais-tu une chose ? Le chef des

---

(1) *Esquisses byzantines*, A. Marrast, et *le Palais impérial*, Labarte.

abominables a changé le prétoire en monastère et l'on y passe les nuits à psalmodier; de plus, tous les habitants de la ville courent après lui pour apprendre à idolâtrer... J'ai encore découvert une affaire très grave. Un officier de la flotte de guerre, un drongaire, le fils du grand drongaire, a déserté son poste. En ce moment, il se trouve à Byzance ; je sais pourquoi. C'est un iconolâtre, un ami d'Étienne ; il arrive pour tenter de le sauver... C'est lui qui a apporté l'image dont je t'ai parlé, au mont Saint-Auxence ; je le tiens de l'ancien procureur du monastère, Sergius. Autocrator, il faut agir promptement et je ne te parle que de l'intérêt général ; j'oublie le mien, ô mon souverain, ô mon Seigneur !...

— Y a-t-il donc autre chose? dit le Basileus.

— Puisque tu me le permets, Autocrator, je te le dirai enfin : le drongaire Théophane a tout fait jusqu'ici pour circonvenir la patricia Sévéra. Il veut me supplanter près d'elle et épouser celle que tu me destines pour prix de mes bons et loyaux services.

— Eh bien ! va ; prends-le où il se trouve et jette-le en prison : puisqu'il cherche Étienne, il l'y trouvera... Non ! non ! crie le Basileus hors de lui, après un instant de réflexion, il ne l'y trouvera pas! Avant tout, emmène ce misérable hors de la ville, de l'autre côté de la mer, sur la place Sainte-Maure, au lieu des exécutions...

Le protospathaire sortit pour exécuter le second de ces ordres, car Théophane avait déjà été arrêté par ses soins. Le Basileus resta quelque temps accoudé sur le divan, la tête entre les mains. Les chants et les conversations avaient cessé; tous l'observaient en silence ; on s'attendait à quelque événement extraordinaire. Tout à coup, Constantin se leva avec impétuosité et, sans souci de l'étiquette, il courut à la porte en criant:

— Au forum ! Allons au forum voir l'impie !

Les dignitaires se levèrent en tumulte et le suivirent. Par la salle des candidats et les *Courtines*, ils arrivèrent au vestibule de Chalcé et s'avancèrent avec l'empereur jusqu'au Milliaire. On y avait autrefois peint les six conciles œcuméniques pour l'instruction du peuple ; Copronyme avait fait effacer les peintures et les avait remplacées par des fresques qui représentaient des courses de chevaux. Arrivé là, il dit :

— Mon âme est sans consolation, en face de ces abominables !

Le patrice Calliste, qui était près de lui, répondit :

— Autocrator, mais il n'en reste plus guère, soit à Byzance, soit ailleurs ; ils sont presque anéantis, et voilà que l'ennemi de la vérité, Étienne d'Auxence, est mené à la place des exécutions pour être puni par le glaive.

— Que dis-tu ? repartit le tyran, et qu'y a-t-il de plus doux pour Étienne que d'avoir la tête tranchée ? Mais, attends un peu, il n'aura pas ce qu'il désire tant ; il sera puni d'un supplice plus horrible. D'ailleurs l'impératrice nous en voudrait si nous terminions le jour de sa fête par une exécution. Qu'on ramène donc l'abbé dans sa prison !

Le lendemain était encore un jour de grand festin. Au milieu du repas, il fit venir dans le triclinium deux frères qui étaient protospathaires; on les appelait Cyprianos et Achilleos. Ils étaient beaux et intelligents; depuis, l'empereur les fit tuer par jalousie.

— Allez au prétoire, leur commanda-t-il, et dites de ma part à Étienne d'Auxence : « Tu vois combien le Basileus est bon ; il t'a sauvé hier ; sois donc obéissant, renonce à l'idolâtrie. » Je sais bien, du reste, qu'il n'y a rien à faire avec lui ; vous verrez qu'il me dira des injures. Alors, donnez-lui tant de coups sur le visage et sur tout le corps qu'il en meure...

Les deux frères vinrent au prétoire et répétèrent au saint les paroles de l'empereur ; mais, voyant qu'il n'en était que plus ferme dans la foi, ils lui baisèrent les pieds et reçurent sa bénédiction. Ils revinrent après trouver Constantin et lui firent leur rapport :

— C'est un homme dont l'opiniâtreté est invincible ; nous l'avons déchiré de coups ; il est étendu sans voix et sans connaissance, et nous assurons qu'il ne vivra pas jusqu'à demain.

Le Basileus haussa les épaules en les entendant et il continua son festin.

Cependant Théophane avait pu aborder le confesseur de la foi et il lui racontait son histoire.

— Père, pardonne-moi, j'ai abandonné mon poste ;

mais ne vaut-il pas mieux obéir à Dieu qu'aux hommes, selon la parole des saints Apôtres ?...

Étant à Barna, à bord de mon dromon, j'ai vu arriver un émissaire de mon frère Paul, qui m'a appris l'affreuse extrémité à laquelle la patricia Sévéra et sa fille Zoé étaient réduites. On me disait que l'Impératrice avait averti la patricia qu'elle ne pouvait plus rien pour elle, que l'Empereur lui avait signifié sa volonté formelle de voir Syncletus épouser Zoé, et que celle-ci et sa mère devaient se soumettre. J'aime Zoé, tu le sais ; mais il était impossible, quand même je ne l'eusse pas obtenue, de la jeter entre les bras d'un impie, d'un ennemi de la foi et d'un persécuteur. Zoé ! la femme de l'assassin d'Anne ! du calomniateur d'Étienne ! du vil débauché ! du fils de Calliste ! La volonté de Dieu m'apparaissait clairement.

Je suis parti sur une légère embarcation avec deux hommes dévoués ; hier, je suis arrivé dans le faubourg de Sykœ. Je me suis caché ; j'ai essayé de faire parvenir de mes nouvelles à la patricia et à Paul, sans succès. Enfin, n'y tenant plus, j'ai été rôder autour de la demeure de Sévéra, qui est gardée à vue. Quoique déguisé, j'ai été reconnu par un épopte, un ancien esclave de mon père, cet Andronic, celui-là même qui a livré ma nourrice Anastaso. Des hommes aussitôt se sont jetés sur moi, m'ont garrotté et conduit ici. Pauvres femmes ! pauvre Zoé !... Père ! est-ce que Dieu nous protégera et nous sauvera ? Il faudra un grand miracle...

— Mon fils, dit Étienne, je t'aime et te bénis. Dieu n'est apaisé que par le sacrifice, il lui faut des victimes propitiatoires. Ne crains rien pour Sévéra, ni pour Zoé, ni pour Paul, ils seront sauvés. Pour moi, je subirai le supplice, et je mourrai ; et toi, mon enfant, toi aussi, si jeune et si pur, il faudra souffrir ! Théophane, serviteur et soldat de Dieu, pense à Sébastien de Rome, pense au vaillant tribun qui a arrosé de son sang la terre de ses aïeux, pour en faire germer les riches moissons. Théophane, ô mon fils, puisque tu portes un si beau nom, que Dieu resplendisse en toi et que l'auréole entoure ta tête ! Embrassons-nous, et si Dieu te sauve, va te réfugier près de l'évêque de Rome, seul dépositaire de la vraie foi !...

Il bénit le drongaire et le tint longtemps serré

Martyre de Théophane.

dans ses bras; puis, comme la sixième heure venait de sonner, il fit ses adieux aux moines, se recommanda à leurs prières et se fit ôter le scapulaire et la ceinture. Il voulut aussi quitter la cuculle; mais ses compagnons lui représentèrent qu'il devait mourir avec l'habit monastique. Il répondit :

— Les athlètes se dépouillent quand ils vont combattre; il n'est pas juste que ce saint habit soit déshonoré par les risées de la foule.

Il ne garda donc que sa tunique de peau et, assis au milieu d'eux, il les entretenait de sujets pieux.

La police était trop bien faite à Byzance pour que l'empereur n'apprît pas bien vite qu'il avait été joué par Cyprianos et Achilleos; il se leva ce matin-là vers huit heures et courut dans le vestibule de Chalcé, où il se mit à crier comme un forcené, au grand scandale des gardes et du peuple!

— A moi! Au secours! Tout le monde m'abandonne.

— Calme-toi! Autocrator! calme-toi! disaient les officiers.

— Laissez-moi! vous êtes tous des traîtres; je ne suis plus votre empereur; vous en avez un autre dont vous baisez les pieds et dont vous demandez la bénédiction. Personne ne prend mon parti pour le mettre à mort et me rendre la paix.

— Et qui est donc cet autre empereur? lui dit-on.

— C'est Étienne d'Auxence, le chef des abominables.

Le tyran écumait en prononçant ce nom abhorré; mais une compagnie de scholaires se précipita aussitôt sur la prison, se fit ouvrir les portes et demanda :

— Donnez-nous Étienne d'Auxence !

— C'est moi, dit celui-ci en s'avançant hardiment...

Ils le renversèrent, attachèrent des cordes aux fers qu'il portait aux pieds et le traînèrent dans la rue, du côté du palais de Lausus, le frappant sur la tête et sur tous les membres, à coups de pied, de pierre et de bâton. En sortant de la première porte du tribunal, comme le saint abbé rencontrait l'oratoire de saint Théodore, il s'appuya des mains contre terre et, levant un peu la tête, il tourna les yeux vers l'église, pour dire au saint martyr le dernier adieu. Un de ses bourreaux, nommé Philomathe, cria alors :

— Regardez ce coquin qui veut mourir comme un martyr!

Puis il courut à des pompes à incendie qui étaient là, et, apportant un grand piston en bois, il en frappa Étienne sur la tête, et le tua sur-le-champ; mais le misérable tomba aussitôt lui-même, grinçant des dents et possédé du démon.

On continua à traîner le corps de l'abbé et ses doigts tombaient, ses côtes se brisaient, son sang arrosait le pavé. On lui jeta contre le ventre une grosse pierre, qui l'ouvrit en deux; ses intestins sortaient et traînaient par terre. On frappait encore le cadavre; les enfants sortaient des écoles par ordre du Basileus pour courir après avec des pierres. Si quelqu'un refusait, sur le passage du triste cortège, d'en faire autant, il était dénoncé comme ennemi de l'empereur. Ceux qui traînaient le corps arrivèrent à la place du Bœuf; un cabaretier de l'endroit, qui faisait frire du poisson, croyant que le martyr respirait encore, lui asséna un tel coup de tison sur la tête qu'il lui cassa le crâne et que la cervelle se répandit ; mais un honnête chrétien qui suivait et qu'on nommait Théodore, faisant semblant de tomber, ramassa la cervelle et l'enveloppa dans un mouchoir. On passa près d'un monastère de femmes où se trouvait la sœur du saint ; on voulut la faire sortir pour l'obliger à le lapider de ses propres mains ; mais on ne put la trouver ; elle s'était cachée. Enfin, on jeta le corps dans la fosse du Pelagium.

Syncletus, lui, s'était chargé de Théophane. Cette fois, il le tenait et ne le laisserait pas échapper. D'après l'ordre de Constantin, il vint le prendre à la prison lui-même, et, avec l'aide de quelques gardes, le conduisit au bois de Daphné. Sur le chemin, les bourgeois de Byzance et les gens du peuple s'apitoyaient sur le sort de ce beau jeune homme, à la taille bien prise, à la mâle physionomie, aux yeux si expressifs. Beaucoup savaient qui il était et connaissaient la haute situation de son père. Loin de l'injurier, ils le saluaient et regardaient de travers Syncletus, qu'on haïssait pour sa dureté et sa cruauté.

— Qu'a fait celui-ci ? disaient les hommes!

— Il est si beau! disaient les femmes.

— On raconte qu'il n'a pas même été jugé...

— Oh ! par le temps qui court, on n'a pas besoin d'observer les lois; il n'y a plus de lois. Du reste, la condamnation est toujours au bout du jugement.

Une poussée se produisit dans la foule, un homme s'approcha tout près du drongaire; il se pencha à son oreille, et ne lui dit que deux mots :

— Tes amis sont en lieu sûr... *Xairé!*

Et Libès se perdit dans les flots du populaire, sans avoir été inquiété par les gardes.

Syncletus activait la marche ; on arriva promptement dans le bois de Daphné, qui était un lieu de plaisirs, renommé par le luxe de ses constructions et l'élégance de ses plantations et de ses eaux. Dans une clairière, dix soldats goths étaient rangés en face d'un gros chêne; c'étaient des archers; ils avaient leurs arcs et leurs carquois. On dépouilla Théophane de ses vêtements et on l'attacha à l'arbre par de grosses cordes. Alors, il se souvint de la prédiction du saint abbé: comme Sébastien de Rome, il allait mourir percé de flèches. Il pensa à son père, à son frère, à sa douce fiancée, et il pria un moment, offrant à Dieu sa vie avec un grand courage, content de savoir que ceux qu'il aimait étaient sauvés.

— Allez, amis! dit-il ensuite. Ne craignez pas de tirer. C'est l'ordre du Basileus... Syncletus, je te pardonne!

Dix flèches vinrent s'enfoncer en sifflant dans ce beau et robuste corps de soldat. Le martyr ne poussa pas un cri; sa tête s'inclina sur sa poitrine; le sang jaillit à torrents; la pâleur de la mort se répandit sur tous ses membres.

— Par le manteau de Thor! dit un archer, c'est fini! Nous avons touché juste. C'est dommage de faire une besogne pareille!

Le protospathaire se pencha sur le corps, ordonna qu'on le transportât au Pelagium, et vint raconter tout à son maître, qui éclata de rire. Dans la soirée, Syncletus osa se présenter chez Sévéra. La porte du vestibule était grande ouverte; il n'y avait pas un serviteur pour lui répondre. Il pénétra dans l'atrium et plus loin encore; tout était désert. La patricia et sa fille avaient licencié leurs gens et étaient parties pour une destination inconnue; le misérable dut le constater avec rage et désespoir.

Dans le Palais sacré, sous les lambris d'or, une femme pleurait sur elle, sur son époux, sur ses amies perdues. C'était la glorieuse Basilissa. En ce temps-là, à Byzance, on était comme submergé dans un océan de larmes et de sang...

ÉPILOGUE

Au milieu de ces événements douloureux, Paul avait offert à Sévéra et à Zoé un refuge sur son dromon, puis il avait envoyé le vieux marin Libès du côté du Pelagium. A prix d'or et avec des précautions inouïes, Libès avait pu se procurer le corps de Théophano et même un bras détaché du corps d'Étienne, pendant l'horrible supplice de celui-ci. Quel ne fut pas l'étonnement du marin, en se penchant sur ce qu'il croyait un cadavre et en constatant que le drongaire vivait! Après lui avoir fait un pansement sommaire, il transporta le martyr à bord du navire de Paul. La persécution avait mûri les deux nobles femmes; ce n'est pas avec des cris et des pleurs qu'elles accueillirent leur ami; mais avec le respect et la vénération qu'on rend aux reliques des saints; elles le soignèrent sans le guérir, tant ses blessures étaient affreuses! Théophane, brûlé par la fièvre, pouvait à peine les remercier d'un œil mourant.

Paul était sûr de ses hommes; cependant, il feignit d'avoir reçu des ordres et, la nuit suivante, il levait l'ancre et se dirigeait vers l'Hellespont et les côtes d'Italie. Ce ne fut que bien plus tard qu'on s'aperçut de son absence; mais il n'était plus temps de le poursuivre. Poussé par un vent favorable, il arriva au bout d'un mois au port d'Ostie et débarqua avec ses compagnons. Ils s'acheminèrent vers Rome. On se rappelle que telle avait été la dernière recommandation de l'abbé du mont Saint-Auxence.

Les fêtes de l'intronisation du pape Étienne III se terminaient. Les fugitifs se présentèrent au Pape en suppliants; Étienne les reçut comme on reçoit des confesseurs de la foi, et gémit sur les désordres de Copronyme. Quelques jours plus tard, Théophane s'éteignait entre les bras du Pontife, donnant à ses deux amies et à son frère rendez-vous au ciel.

Sur ces entrefaites, arrivait au Vatican une ambassade de seigneurs français. Ils témoignaient un respect sans bornes et une quasi-adoration pour le vicaire de Jésus-Christ; d'un autre côté, celui-ci, s'appuyant sur la fille aînée de l'Église et n'ayant d'espoir qu'en elle, puisque son allié naturel, l'empereur grec, l'abandonnait, accueillait les Francs avec bonheur. Étienne III savait que son prédécesseur Étienne II avait été parrain des deux fils de Pépin et avait donné au père et aux fils le titre de patrices des Romains. Pépin n'était plus, mais le Pape chérissait le roi Charles, dont il attendait de grandes choses pour le bien de l'Église et de la religion.

La reine Bertrade était elle-même très dévouée au Saint-Siége, qui l'avait sauvée du divorce. Sa fille Gisèle était devenue à cette époque abbesse du monastère de Chelles, près de Paris, fondé par Bathilde, femme de Clovis II. Bertrade restée veuve s'était réfugiée auprès de sa fille. Elle désirait des reliques pour son abbaye; à sa prière, le roi Charles envoya cette ambassade pour en demander au Pape.

Étienne III saisit l'occasion qui s'offrait à lui. La vieille Byzance lui procurait deux martyrs; il fit embaumer le corps de Théophane et le remit aux seigneurs francs avec le bras de l'abbé Étienne; il leur confia aussi la patricia et sa fille, qui ne pouvaient se résoudre à se séparer des saintes dépouilles.

Deux mois après, elles arrivaient à l'abbaye de Chelles, à la grande joie de Bertrade; elles apportaient aussi la copie de la Sainte Image d'Édesse, qui fut vénérée dans le monastère jusqu'à la grande Révolution, où les sectaires, nouveaux iconoclastes, la détruisirent. Les deux nobles dames moururent à Chelles, en odeur de sainteté.

Le pape Étienne avait retenu Paul, en lui disant : « Reste ici, mon fils ; la moisson est grande, il y a peu d'ouvriers. » Paul devint prêtre. L'amiral Zonaras avait été frappé d'apoplexie en apprenant le supplice de son fils.

En l'année 775, il y avait trente-quatre ans que l'empereur Constantin Copronyme persécutait l'Église de Dieu ; cette année-là encore, il marcha contre les *amis* Bulgares ; mais à vingt-cinq lieues de Constantinople, il fut frappé d'un mal soudain ; des excroissances charbonneuses parurent sur ses jambes, une fièvre ardente le dévorait. Il fallut le rapporter sur un grabat au « Palais sacré que Dieu garde » ; il mourut en chemin, le 14 septembre 775, à cinquante-six ans, et sa dernière parole fut celle-ci : « Je suis livré vivant à un feu inextinguible ! » Il avait ordonné avant de mourir de respecter les images et les reliques des saints ; mais il était trop tard. Quant à Calliste et à Syncletus, dans un accès de rage, quelque temps auparavant, il les avait déchirés lui-même à coups de fouet, de ses mains impériales, et ils en étaient morts..

FIN

TABLE DES MATIÈRES

I.	— Au palais impérial..	7
II.	— Chez l'Impératrice..	37
III.	— A l'Hippodrome...	61
IV.	— L'image d'Édesse...	91
V.	— Chez le général..	113
VI.	— Idylle..	133
VII.	— Le monastère...	153
VIII.	— Tragédie et comédie..	181
IX.	— *Agia Sophia*..	199
X.	— L'ami de César...	227
XI.	— La prison..	241
XII.	— Martyre...	263
Épilogue	....	283

TABLE DES GRAVURES

Le Basileus..	19
Un Protospathaire..	31
Byzance au VIIIe siècle..	41
L'Hippodrome..	63
Dans la Phiale des Scyla...	85
Une place de Byzance...	93
La signature du Basileus...	111
Zoé...	116
Anastaso va porter l'image sainte à Névéra............	129
Un *Dromon* (d'après un dessin de l'époque)..........	135
La Panagia des Blaquernes.....................................	140
La villa de Névéra...	146
Monnaies byzantines...	150
Le Catholicon..	159
Étienne d'Auxence...	169
Le Patriarche de Constantinople............................	215
Ce que devenait un Patriarche..............................	221
Le Monastère d'Anne...	238
Étienne d'Auxence est conduit en exil....................	249
Martyre de Théophane...	270

Poitiers. — Imp. Blais, Roy et Cie, rue Victor-Hugo, 7.

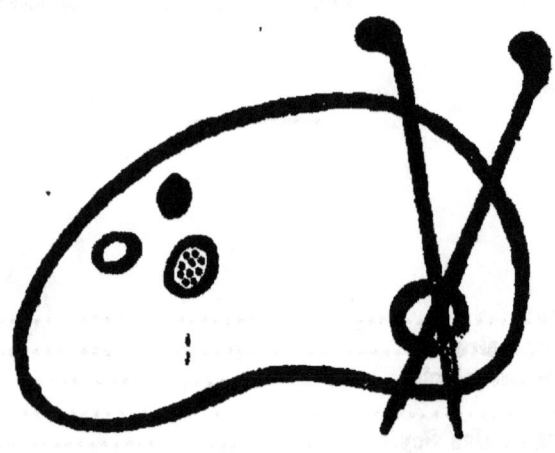

Original en couleur
NF Z 43-120-8